Heike Dahlmanns, im letzten Jahrtausend geboren, hörte schon als kleines Mädchen fasziniert zu, wenn der Vater ihr deutsche Balladen vorlas. Schon im Grundschulalter begann sie erste Gedichte zu schreiben. Da Sprache und Bücher sie schon immer begeistert hatten, studierte sie nach dem Abitur Germanistik, Anglistik, Pädagogik und Philosophie an der Universität in Bonn. Nach dem 2. Staatsexamen arbeitete sie fast sieben Jahre lang im politischen Bereich, als Dozentin in der Erwachsenenbildung und an verschiedenen Schulen. Immer wieder zog es sie zum Schreiben hin, insbesondere zur Lyrik. Kriminelle Kurzgeschichten und Gedichte veröffentlichte sie in den Anthologien „Mörderischer Selfkant", „Kunterbunter Selfkant" und „Die besten Kugel-Schreiber". Seit einiger Zeit ist sie Mitglied im Editorial Board des Austria Forums. Mit ihrer Familie und ihren Tieren lebt sie in der Gemeinde Gangelt/Kreis Heinsberg.

Heike Dahlmanns

Heitere Resignation

100 Gedichte

für Leute von heute

Bibliografische Information der Deutschen Nationalbibliothek:
Die Deutsche Nationalbibliothek verzeichnet diese Publikation in der Deutschen Nationalbibliografie;
detaillierte bibliografische Daten sind im Internet über dnb.dnb.de abrufbar.

© 2017 Heike Dahlmanns

2. verbesserte Auflage, 2018

Herstellung: BoD - Books on Demand, Norderstedt

ISBN 978-3-738-64482-1

Umschlaggestaltung: Bild: Louisa von Ameln

Foto und Bearbeitung: Ulf Dreßen

Für

meine Eltern

in memoriam

Zur Resignation gehört Charakter.
(Johann Wolfgang von Goethe)

Die edelste Nation unter allen Nationen ist die Resignation.
(Johann Nestroy)

Vorwort

„Heitere Resignation" – lange habe ich nach einem Titel für dieses Buch gesucht. Marie von Ebner-Eschenbach hat ihn mir geschenkt. „Heitere Resignation – es gibt nichts Schöneres" lautet einer ihrer Aphorismen. Es ist Ausdruck eines Lebensgefühls, das sich irgendwo zwischen Dur und Moll befindet oder zwischen Heiterkeit und Melancholie. Es heißt, mit einem inneren Lächeln auf Dinge zu schauen, die wir nicht oder nur bedingt ändern können. Es heißt, nicht zu verbittern, sondern sich immer – trotz allen Schreckens – ein heiteres Gefühl zu erhalten, sich gottergeben und guten Mutes in das zu schicken, was unabänderlich scheint.
C'est la vie sagt der Franzose, wenn er der Resignation Ausdruck verleiht, *tja* heißt es oft in der Umgangssprache, häufig mit dem Zusatz *nicht mehr zu ändern*. Wenn einem die Sprache völlig fehlt, ist ein Schulterzucken der nonverbale Ausdruck von Resignation. Da kann man halt nichts machen! Ich weiß nicht mehr weiter! Hilfreich, wenn man sich auch in solchen Situationen ein wenig Heiterkeit bewahren kann.
Es war mir ein Anliegen, Gedichte zu schreiben, die jeder verstehen kann, Gedichte für die Leute von heute, Gedichte, die nicht

vor lauter Symbolik überquellen und dadurch nur dem geübten Lyrikleser verständlich sind.

„Gedichte sind doof" habe ich schon oft gehört oder auch „Vor den Gedichten hatte ich Angst"; wenn das jemand sagt, so liegt das wahrscheinlich daran, dass er die Gedichte noch nicht gefunden hat, die er mag und die ihn auf die eine oder andere Weise bereichern.

Das Angebot in diesem Lyrikband ist groß; es reicht von der Parodie über komische, gefühlvolle und kriminelle Gedichte bis hin zu politischen oder gesellschaftskritischen Texten. Ich hoffe, dass etwas dabei ist, das auch Sie anspricht.

Gangelt, im Januar 2017   HD

I. Typisch Mensch

Federleicht

Leicht wie eine Feder segeln,
ungebremst von Ort zu Ort,
statt durch 's Leben nur zu kegeln.
Kugeln reißen mich oft fort.

Leicht wie eine Feder schweben
durch die lauen Lüfte,
Winde, die empor mich heben
wie die süßen Düfte.

Leicht wie eine Feder gleiten,
unbeschwert von Tag zu Tag,
Gleitflug durch das Meer der Zeiten,
ganz egal, was kommen mag.

Leicht wie eine Feder sinken
irgendwann zur ew'gen Ruh;
schnell noch Federweißen trinken,
dann mach' ich die Augen zu.

Achterbahn

Das Leben gleicht der Achterbahn,
es geht mal rauf mal runter.
Manchmal ist dir speiübelschlecht
und manchmal bist du munter.

Mal nimmst du superrasendschnell
die Hochs und Tiefs der Strecke.
Mal kriechst du auf gerader Spur
wie eine lahme Schnecke.

Die lange Strecke schleudert dich
oft unsanft hin und her.
Es rüttelt, schüttelt, dreht dich um
wie im Betonmischer.

Du stößt und eckst ringsum nur an,
oft spürst du auch den Schmerz.
Du denkst, jetzt fliegst du aus der Bahn,
es flattert dir dein Herz.

Und rast du oft mit voller Wucht
in eine Biegung rein,
dann denkst du, es trägt dich hinaus
und du kommst nicht mehr heim.

Gelegentlich geschieht es auch,
dass ein Wagon stürzt ab.
Er wird geworfen aus der Bahn,
reißt andre mit ins Grab.

Meistens jedoch gelingt die Fahrt,
der Wind pfeift dir durchs Haar.
Und du stellst fest nach ein'ger Zeit,
wie schön der Lauf doch war.

Die schönste Tour geht auch vorbei.
Der Halt folgt vehement.
„Aussteigen bitte!", hörst du dann.
Und nun bist du - am End.

Die Linie

Ein Ehepaar liegt lieb und nett
des Nachts in seinem Ehebett.
Nach ein paar Küsschen auf die Wangen
hat man zu schlafen angefangen.
Ein jeder liegt auf seiner Seite,
damit man sich im Schlaf nicht streite.
Denn wird die Linie überschritten,
hat morgens meist der Schlaf gelitten.

Doch der Mann – er ist recht schwer –
wälzt sich ganz unruhig hin und her.
Und plötzlich – das ist gar nicht chic –
hat sie die Faust in dem Genick.
Daraufhin ist sie aufgewacht
und legt zurück den Arm ganz sacht.

Doch leider schon nach kurzer Zeit
wälzt sich ihr Mann ein Stück zu weit
und rollt sich mit sehr großem Schwung

zur Seite seiner Frau herum
und liegt ihr – das ist unbequem –
halb auf dem Rücken und den Zehn.
Er hat – und das ist unbestritten –
erneut die Linie überschritten.

Dann schnarcht er ihr noch laut ins Ohr.
Das kommt ihr furchtbar grausam vor.
Die Ehefrau rollt nun mit Druck
den Mann zurück mit einem Ruck.
Noch mehrfach wird in dieser Nacht
ein Attentat auf sie vollbracht.

Sein Knie in ihren Rücken presst.
Die Hand schlägt ihr Gesicht ganz fest.
Die Beine liegen kreuz und quer.
Die Frau hat keine Ruhe mehr,
vor allem, weil ihr Ehemann
im Schlaf noch fängt zu singen an.

Und morgens bei der Glocke Schlag
beginnt *er* fröhlich seinen Tag,
ist ausgeschlafen, ausgeruht,
der Nachtschlaf, ja der tut ihm gut.
Sein Weib hingegen ist ganz schlapp,
hat nachts gekämpft - jetzt ist sie ab -
hat Überfälle abgewehrt,
die ihren Schlaf massiv gestört.
Drauf angesprochen sagt er, nein,
das könne überhaupt nicht sein.

Da dies schon öfter vorgekommen,
hat sich die Frau ein Herz genommen
und fest montiert ein Brett aus Pinie
auf ihrer Betten Mittellinie.
Ganz oben drauf hat es noch Zacken
zur Abwehr gegen die Attacken.
Sie stopft aus Schutz vor dem Gesang
noch Watte in den Ohrengang.

Der Mann hat sich zuerst empört,
weil dieses Brett die Liebe stört.
Doch sie verteidigt mit Geschick
das Brett als genialen Trick.
Nun schläft sie fest durch bis zum Wecken,
der Mann jedoch hat blaue Flecken.

Der Vamp

Es lebt in Köln das Fräulein Saitz,
ist nicht mehr jung an Jahren.
Doch hat sie einen großen Reiz
auf Männer stets erfahren.

Sie ging mit Heinz und flirtete mit Franz.
Sie turtelte mit Ulf und liebte Hans.
Sie schmachtete ganz ungemein nach Walter.
Sie knutschte gern mit Thomas und mit Ingo
und – entsprechend ihrem Alter -
sah man sie mit Dieter oft beim Bingo.
Ob Holger, Heiner und Henri:
Sie waren mit von der Partie!

Ob Fräulein Saitz mit Helmut pennt?
Wir werden 's bald erfahren.
Denn Fräulein Saitz ist, wie man's nennt,
jetzt in den Wechseljahren.

Reinkarnation

Gern würde ich wiedergeboren als Panda
im Tierpark Schloss Schönbrunn in Wien.
Ich äße Bambus zentnerweise
und legte mich zur Ruhe hin.
Und Liebe machte ich nur dann und wann da
zwischen Schlaf und meiner Lieblingsspeise.
Ich lebte ruhig, ganz ohne Eile,
die Menschen fänden mich echt süß.
Ich tät' zwei Dinge nur - mit Weile:
Es wäre wie im Paradies!

Nachtaktiv

Ein Selbstportrait

Blumen gießen, Boden wischen,
Wasserwechsel bei den Fischen,
Bücher lesen, ganz viel schreiben,
zwischendurch die Augen reiben,
Wäsche bügeln, Socken stopfen,
Teppich mit dem Sauger klopfen,

Küche säubern, Garten wässern,
Texte meiner Pänz verbessern,
Arbeitshefte korrigieren
und auch noch den Hund ausführen:
Das tat ich, während alles schlief,
denn ich bin stets nachtaktiv.

Hugo

Ich liebe Hugo, ich lieb' ihn so sehr.
Ich mich Tag und Nacht nach Hugo verzehr.
Ich liege mit Hugo so gern auf dem Sofa,
er fährt auch mit mir Zug, Auto und Mofa.
Hugo hilft mir, meine Stimmung zu heben.
Mit Hugo verspür ich kein Zittern, kein Beben.
Hugo hilft mir, mein Leben zu meistern,
Hugo kann mich stets auf 's Neue begeistern.
Hugo ist immer mein treuer Begleiter,
mit Hugo komm ich im Leben stets weiter.
Hugo erfrischt meine Lebensgeister.
Mit Hugo werde ich tollkühn und dreister.
Hugo ist toll und ebenso spritzig,
mit Hugo bin ich ganz ungemein witzig.

Und ist er nicht mehr da -
dann ist das fürchterbar.
Ich sehne mich so sehr nach ihm,
drum lauf ich schnell zum Laden hin,
damit ich ihn dort seh'.
Doch was ist das? Oh, weh!

Mein Hugo ist nicht hier.
Es gibt nur Schnaps und Bier
sowie Apérol Spritz.
Das ist ein schlechter Witz!
Ich kann jetzt keinen Hugo kaufen
und darum muss ich Wasser saufen.
Dann fall ich in ein Tief
und werde depressiv.

Kartenspiel

Die Lieb' ist wie ein Kartenspiel:
Man spielt recht gern, meist zahlt man viel.
Man hält oft Karten in der Hand,
die harmonieren nicht mitsamt.

Das Karo As Herz Dame sticht
und vieles ihr dann auch verspricht.
Doch kurz darauf, ganz ungeniert,
hat sich das As verabsentiert.
Herz Dame ist drauf sehr verzagt
und tiefe Trauer an ihr nagt.

Das Spiel ist aus, doch es ist Pflicht:
Nach jedem Spiel wird neu gemischt.

Jetzt hat sie Luschen auf der Hand,
das ist erst recht nicht interessant.
Kreuz Acht ist lang auf sie erpicht,
den Buben will, doch kriegt sie nicht.

Herz Dame einen König trifft,
der ist zwar reich, doch falsch wie Gift.
Er stammt von dem Geschlecht der Pik,
ist hässlich, alt und auch sehr dick.
Der König auch die Dame trumpft.
„Ich halt 's nicht aus", sagt die Vernunft,
„es muss ja nicht ein König sein,
ein Bauer wäre auch ganz fein."

Das Herz stets hin zum Herzen zieht,
die Karten spiel'n nicht immer mit.
Auch die Partie, sie ging verloren;
das Glück scheint fern bei den Azoren.

Dann plötzlich hebt sie auf den Stich
und freut sich ganz unweigerlich:
Herz Bube zur Herz Dame findet;
ein Anfang ist damit begründet.
Man macht dann eine Pokermine,
damit man nicht gleich glücklich schiene.
Das Glück bleibt erst mal unbemerkt,
doch wird es später sehr verstärkt.

Wenn Bub und Dame sind liiert,
man weit're Herzen produziert:
Acht, Neun, Zehn und Bube, Dame
nennt man Straight Flush - so ist der Name.
Fünf Karten von derselben Farbe
sind Spielerglück und - Gottesgabe.
Ein Paar – so geht das oftmals aus –
hat dann am Ende ein Full House.

Doch eins ist heute völlig klar:
Zwei Buben bilden auch ein Paar
und auch zwei elegante Damen
das Leben oft gemeinsam nahmen.

Es gilt von München hin bis Kiel:
Zum Liebesglück braucht es nicht viel;
es reicht ein gutes Kartenspiel.

Kangaroos in Austria

Ich hatschte durch das schöne Wien,
da kam ein Spruch in meinen Sinn:
„No kangaroos in Austria"
steht dort auf vielem Tralala.

Und als ich um die Ecke bog,
war's drum, als ob mein Sinn mich trog.
Da stand ein Känguru allein,
im Beutel drin ein Flascherl Wein.

Als ich zur Trambahn weiter ging,
das Beuteltier mich dort empfing.
Dann stieg ich in den Wagen ein,
da warn 's der Kängurus schon zwein.

Als ich die Trambahn dann verließ,
ein Känguru ins Bein mir biss.
Ich war verstört und ganz verwirrt
und hab mich darum auch verirrt.

Ich schleppte mich zum Stephansplatz,
da macht' das Viecherl einen Satz
und hüpfte – das war gar nicht chic –
mir fast dahin bis zum Genick.

Am Kohlmarkt, als ich um mich sah,
warn die zwei Viech mit Kindern da.
Am Café Demel standen viere
große, kleine Beuteltiere.

Danach ich hin zum Stadtpark irrte,
doch was mich da noch mehr verwirrte:
Beim Denkmal dort vom Johann Strauß
die Tiere spendeten Applaus.

Spät, als ich mich nach Hause traute,
mei' Frau mir in die Augen schaute
und raunzt' mich an, dass sie sich kränke,
wenn ich ging in die Buschenschänke,
um literweise Wein zu tanken
und dann besoffen heim zu wanken.

Als mich mei' Alte so sekkiert,
da hab ich's endlich auch kapiert,
welch Schmäh mein Hirn mir suggeriert.
In Wirklichkeit, das ist gewiss,
war da kein Viech, das um sich biss.
Im Grunde ist's ja völlig klar:
No kangaroos in Austria.

Das Geheimnis

Es trägt schon lange Liz aus Sinzig
ein düsteres Geheimnis in sich.
Doch weil sie stets auf sie gebaut,
erzählt sie 's Freundin Edeltraut,
die sehr verschwiegen ist im Grunde,
drum sagt sie 's nur der Kunigunde.
Die Gundel, ganz schockiert sodann,
bespricht 's mit ihrem Ehemann.
Ihr Ehemann, der gute Jupp,
erzählt 's in seinem Kegelklub.
Die Klubmitglieder allesamt –
wohl hinter vorgehalt 'ner Hand –
berichten davon ihren Frauen,
natürlich alles im Vertrauen.
So kommt 's, dass, was im Februar
so ganz und gar geheim noch war,
im März im Städtchen, das ist trist,
ein offenes Geheimnis ist.

Ali von nebenan

Ich lebe lange hier,
ich trinke Tee nix Bier,
ich habe Weib und Kind,
die alle fleißig sind.
Ich habe nur geschafft
mit meiner Körperkraft.
Ich bin Ali, Ali von nebenan.
Ich bin Ali, ich bin ein Türkenmann.

Mein Frau hat Kopftuch an,
doch is nix schlimm daran.
Mein Tochter und der Sohn
hab'n gute Arbeit schon.
Und ist der Urlaub da,
wir fliegen Ankara.
Ich bin Ali, Ali von nebenan.
Ich bin Ali, ich bin ein Türkenmann.

Ich ess' kein Schweinefleisch,
ich bin nix arm, nix reich,
ich spreche Deutsch ganz gut,
Allah macht Lebensmut.
Ich sage im Vertraun:
Ich kann nix Bomben baun.
Ich bin Ali, Ali von nebenan.
Ich bin Ali, ich bin ein Türkenmann.

Ich hab kein Schießgewehr,
doch hab ich Sorgen schwer,
weil viele deutsche Mann
mich gucken feindlich an.

Denn der Verdacht da ist,
dass ich bin Terrorist.
Ich bin Ali, Ali von nebenan.
Ich bin Ali, ich bin ein Türkenmann.

Ich bin ein friedlich Mann,
ich greife keinen an.
Ich kenne keinen Hass,
ich mache gerne Spaß.
Ich lebe lange hier,
ich bin ein Freund von dir.
Ich bin Ali, Ali von nebenan.
Ich bin Ali, bin auch ein Muselmann.

Unterwegs

Ziele suchen. Pläne machen.
Streitigkeiten, die entfachen,
möglichst schnell auch wieder schlichten.
Gruppen da und dort ablichten.
Städte schauen und Museen,
wandern, in die Disko gehen,
auch mal einen Berg erklimmen
und im Meer und Seen schwimmen.
Zug und Bus und U-Bahn fahren,
dabei stets gute Laune wahren.
Ständig alle Nasen zählen,
denn es darf nicht eine fehlen.
Trost bei Liebeskummer spenden,
manchmal eine Softgun pfänden.
Lärm und Moserei ertragen,
dreißig Kinder, die was fragen,
schimpfen, wenn es wieder kracht,
bis es ruhig wird in der Nacht.
Wachen, dass sich nachts nichts paart:
Dieses nennt man Klassenfahrt.

Beamtenstand

Mensch, suchst du Ordnung und Struktur,
dann komm du nach Deutschland nur,
denn Regelung und Sachverstand
bestimmen hier das ganze Land.
Denn von der Wiege bis zur Bahre
füllst aus du viele Formulare.
Auch wenn das Land bald stark veraltet,
so wird es trotzdem gut verwaltet
Wer sorgt dafür? s' ist wohlbekannt:
Ja, das ist der Beamtenstand.

Ein Mensch fährt morgens hin ins Amt,
oft schon um acht, 's ist allerhand.
Er trinkt Kaffee und isst ein Törtchen
und redet hier und da ein Wörtchen
streng dienstlich, wie sich das gehört,
denn sonst wär' die Nation empört.
Um zwölf sitzt er am Mittagstisch
der Amtskantine und isst Fisch.
Um drei Kaffee und Kuchen winken.
Wer schuftet, muss auch mal was trinken.
Man darf nicht nur das Land verwalten,
muss auch die Arbeitskraft erhalten.
Und so verwaltet unser Land
ganz eifrig der Beamtenstand.

Mensch, musst du hin zur Rentenkasse,
findest du Sachverstand und Klasse.
Die Existenz musst du belegen,
es reicht nicht, dass du bist zugegen.

Auch musst du alle Tätigkeiten
dreifach belegen und beeiden.
Die Rentenformel wird erklärt:
Gehalt durch Faktor vier, mal Wert,
das Ganze zum Quadrat hoch drei,
dann minus Cosinus durch zwei,
daraus dann noch die Wurzel ziehn,
dann kommst du mit der Rente hin.
Doch wenn du den Bescheid erhältst,
du fast beinah in Ohnmacht fällst.
Dein Arbeitsleben, das beklemmt,
ist wert nur achtzigtausend Cent.
Und so düpiert in unserm Land
die Rentner der Beamtenstand.

Mensch, gibt es eine Keilerei,
rufst du ganz schnell die Polizei.
Die Polizisten sehen Messer:
Erst einmal warten ist wohl besser.
Wenn dann die Kämpferfakultät
ist mit Blessuren übersät,
dann greifen die Beamten zu
und überwältigt ist im Nu
die ganze große Knüppelbande.
Und es ist wieder Ruh im Lande.
Die Schar wird völlig ungeniert
und handbeschellt schnell abgeführt.
So sorgt für Sicherheit im Land
der Polizeibeamtenstand.

Mensch, beim Erklären unsrer Steuer
wird's schwierig und auch oft noch teuer.
Ich lese jetzt, 's ist wie verhext,
zum x-ten Male diesen Text:
Anlage elf, Schrägstrich null vier
zu Seite zehn, Punkt fünf C vier.
Ich brauche höchstens zwanzig Stunden,
bis ich mich dort dadurch gefunden.
Dann endlich füll' ich aus, fürwahr,
das lange Steuerformular.
Ob was errechnet wird, dann stimmt,
das weiß nicht mal das Jesuskind.
Und so treibt ein in unserm Land
die Steuern der Beamtenstand.

Doch noch umso vieles schwerer,
haben es die deutschen Lehrer.
Fangen morgens an um acht,
um halber zehn wird Rast gemacht.
Um halb zwölf Uhr schellt es zur Jause
und es gibt wieder eine Pause.
Um halb zwei Uhr die Schul' ist aus,
der Lehrer eiligst geht nach Haus.
Er isst etwas und jetzt wird's fein,
ein Mittagsschläfchen, das muss sein.
In eineinhalb bis zwei, drei Stunden,
da kann er nervlich doch gesunden.
Dann korrigiert er schnell beim Wein
noch ein, zwei Tests, das muss schon sein.
Weil ihn die Schüler stark belasten,
braucht er viel Ferien, um zu rasten.
Zwölf Wochen braucht er – ohne Frage,

denn sonst tritt ein Burn-Out zu Tage.
So lehrt das Volk in unserm Land
der Lehrer im Beamtenstand.

Doch Mensch, die höchste Amtsgestaltung
hat der Beamte der Verwaltung.
Für jedes Schnitzelchen Papier
will man Gebühren dort von dir.
Personalausweis und Pass,
Führungszeugnis und Erlass,
Ordnungsstrafe, Aufgebot,
Ab-, Anmeldung, Geburt und Tod,
alles wird dokumentiert
und säuberlich fein archiviert.
Durch die Ausführung der Gesetze
sichert man auch Arbeitsplätze.
Mensch, wie du siehst, läuft nichts im Land
ohne den Beamtenstand.

Kommt der Beamte in den Himmel,
erschrickt er förmlich im Getümmel.
Denn dort herrscht ein reges Treiben,
da kann man nicht ruhig sitzen bleiben.
Die Englein fliegen hin und her,
Sankt Nikolaus trägt Säcke schwer,
das Christkind backt schon wieder Plätzchen,
der alte Petrus krault ein Kätzchen
und teilt dann den Beamten ein
hin zu den Spielzeugbastelein.
Denn dort wird jede Hand gebraucht,
die ganze Zeit der Schornstein raucht.
Der Weihnachtself lernt ihn dann an,

jetzt endlich muss auch unser Mann
den ganzen Tag recht fleißig sein.
Doch das leuchtet ihm gar nicht ein.
Er legt sich auf die faule Haut
und wartet, bis der Abend graut.
Dann ruft er nach der Himmelsspeise,
doch Sankt Petrus flüstert leise:
„Dein Manna wirst du schon bekommen,
wenn du Vernunft hast angenommen."
Doch darauf wartet man gespannt
bislang vergeblich hier im Land.

Berlin

Berlin, ick bin heut wieder hier
und darüber freu ick mir.
Vor mehr als fünfundreißig Jahrn
bin ick det erste Mal jefahrn.
Damals, Berlin, warst du entzweit,
die Mauer brachte dir viel Leid.
Doch wat der Russe ooch tamtiert,
er hat dir nich decouragiert.
Ob Stacheldraht, ob Mauerbau,
bei dir war immer viel Radau.
Hier hat det Leben stets pulsiert,
die Zone hat dir nich geniert.

Berlin, du meene Schicksalsstadt,
die mir den Mann jejeben hat.
Der Männe jeht mit mir fürwahr

jetze schon fünfunddreißig Jahr.
Seitdem is irre viel passiert.
Der Russ hat sich verdünnisiert.
Wir sind een Volk nu, Jott sei Dank,
jeteilt zu sein, det war doch krank.
Ach Mensch, Berlin, ick find det scheen,
dir ohne Mauer zu besehn!
Die Spechte ham daran jepickt,
dann wurd se jänzlich umjeknickt.

Berlin, seitdem wurd viel jebaut -
det hat mir völlig umjehaut -
aus Glas, modern und hoch jeschossen,
aus Stein und in Beton jegossen.
Ooch Hauptstadt biste wieder heut
wie damals in der dunklen Zeit.
Doch eene Sorje quält mir sehr:
Der Flugplatz, wann eröffnet der?
Wenn ick det denke, sitz' ick Olle
am Wannseestrand mit eener Molle
und esse Currywurst - wie scheene –
und baumle dabei mit die Beene.

Berlin, du alter Knuddelbär,
ick komme jerne wieder her.
Ick bind dir keenen Bären uff,
ick jeb dir beede Hände druff.

Am Spreebogen

Im Liegestuhl sitz' ich entspannt,
schräg hinter mir das Kanzleramt,
geradeaus der Hauptbahnhof,
rechts wird gebaut, das find' ich doof.
Am Strohhalm zieh' ich mit Genuss
Berliner Weiße, roter Schuss
und gucke dabei auf die Spree.
Dabei tut mir das Herz so weh,
denn ich seh' zu allen Zeiten
Schiffe, weiß, vorübergleiten.
Ich winke, wär' gern selbst an Bord,
doch leider muss ich schon bald fort.
Drum nutze ich das bisschen Zeit,
das mir noch bis zur Abfahrt bleibt
und trinke, dann ist aber Schluss,
noch eine Weiße, grüner Schuss.

Moderne Kunst

Zwei scheinbar kunstbefliss'ne Damen,
vornehm, nicht mehr ganz Lyceum,
gingen, weil sie's wichtig nahmen,
am Sonntagmorgen ins Museum.

Moderne Kunst, das war ihr Faible,
ganz neu, modern und kreativ.
„Phantastisch", rief auf einmal Mable,
„wie hoch dynamisch explosiv!"

Sie wandelten durch alle Hallen,
sah'n Chamberlain und Immendorff.
Es schien den beiden zu gefallen,
da neu, dramatisch und amorph.

Und dann am Ende ihrer Runde,
entdeckte schließlich die Beate
in einer Nische ganz profunde
und völlig neue Exponate.

„Sind diese Werke nicht von Beuys?",
sprach sie zu Mabel voller Wonnen.
Der Wächter hört's und sagt: „Beim Zeus,
Madame, das sind die Abfalltonnen."

Lichterfest auf Schloss Benrath

Ein Schloss in zuckerpüppchenrosa
liegt da im Lampenlichterschein.
Die Leute sitzen fein in Reih'n
und schaun gespannt wie Marquis Posa.

Am Schloss, am Teich und am Kanal
tausend Menschen tafeln an Tischen.
Es sitzen auch manche dazwischen
auf Decken am Boden und halten ihr Mahl.

Manche nahmen den halben Hausrat mit,
nahmen Essgeschirr, Speisen und Sekt.
Mit weißem Tuch sind die Tische gedeckt.
Es ist warm und man hat Appetit.

Und überall dort am Wasserverlauf
sowie auf zahlreichen Tischen -
und auch auf den Decken dazwischen -
leuchten Kerzen, Lämpchen und Lichter auf.

Sie tauchen den Park in ein warm-gelbes Licht,
das Schloss erstrahlt dunkelbunter.
Die Musiker spielen nun munter.
Die Atmosphäre ist festlich und schlicht.

Orchestermusik umfängt Schloss und Park.
Die Menschen lauschen in Stille verzückt,
manch einer ist auch gänzlich entrückt.
Die Stimmung ist friedlich und stark.

Und plötzlich da, ein Zischen, ein Knall,
bunte Sterne am Himmelszelt glühen,
viel goldene Schleier sprühen
und Silberkaskaden in fließendem Fall.

Das Feuerwerk, zu Ende, verraucht,
die Nebelschwaden ziehn fort.
Die Menschen verlassen den lauschigen Ort
um Mitternacht, da Schlaf sie umhaucht.

Glockenklang

Ich sitze tief in mich versunken;
von fern hör ich der Glocken Klang.
Die Zeit, sie hat mir zu gewunken.
Bim, bim, bim, bim, bam.

Die Köchin Zeit bestimmt mein Leben.
Es mahnt mich oft der Glocken Klang,
nicht nur nach Geld und Gut zu streben.
Bim, bim, bim, bim, bam.

Die Köchin Zeit rührt eine Suppe,
die Jugend ist der erste Gang.
Ein guter Rat ist da oft schnuppe.
Bim, bim, bim, bim, bam.

Die Zeit serviert verschied 'ne Speisen.
Das Mittelalter macht oft bang.
Man muss beruflich sich beweisen.
Bim, bim, bim, bim, bam.

Die Speisenfolge, die man wählt,
ist oft gewürzt, laff oder stramm.
Man manchmal sich durch's Essen quält.
Bim, bim, bim, bim, bam.

Die Köchin Zeit kreiert als Nachtisch -
mal süß, mal herb – den dritten Gang.
Das Alter naht oft ganz dramatisch.
Bim, bim, bim, bim, bam.

Zum Abschluss bringt die Zeit Kaffee,
so quasi als ein Abgesang.
Dann tun schon alle Knochen weh.
Bim, bim, bim, bim, bam.

Am Ende, nach dem Digestif,
ertönt der Totenglocke Klang.
Die Köchin Zeit kocht mit viel Pfiff.
Bim, bim, bim, bim, bam.

Es eilt mit Siebenmeilenschuhen
die gute Köchin Zeit dahin.
Es gilt die Zeit nicht zu vertuen.
Bam, bam, bam, bam, bim.

Der Wind den Glockenklang weit trägt,
er ist mal kurz, mal ziemlich lang.
Wer weiß, wann unsre Stunde schlägt.
Bim, bim, bim und bam.

Mütterlein

Du warst immer für mich da,
liebtest mich unendlich.
Heute weiß ich, das ist gar
nicht so selbstverständlich.

Du schmiertest mir mein Pausenbrot
und stopftest meine Socken.
Und kam ich heim, kalt, nass, halbtot,
dann riebst du mich schnell trocken.

Du hast gestrickt, genäht, gestickt
und alles rein gehalten.
Und du warst wirklich sehr geschickt
das Heim schön zu gestalten.

Kam ich nach Haus vom Unterricht,
dann gab es warmes Essen.
Doch eines aber gab es nicht:
Die Schularbeit vergessen.

Hast mich selten nur verdroschen,
doch war ich vorlaut, frech,
dann kriegt' ich eine auf die Goschen.
Für mich war das dann Pech.

Warst liebevoll, doch konsequent
und standest mir stets bei.
Du hattest Zeit, egal was war,
für dich gab es kein Frei.

Dein letztes Hemd hätt'st du verschenkt,
selbst übtest du Verzicht.
Nur dann, wenn dein Budget beschränkt,
dann gabst du etwas nicht.

Jetzt trägst du selbst dein letztes Hemd,
bist leider nicht mehr hier.
Der Herrgott holte dich zu früh.
Die Tränen hab'n mich überschwemmt.
Mein Mütterlein, ich danke dir
für dein Lieb' und Müh.

Dreizehn oder zehn

Kaum bist du auf dieser Erde
musst die Schule du besteh'n,
Rechnen, Schreiben, Lesen lernen
dreizehn Jahre oder zehn.

Hast du endlich einen Abschluss,
wäre eine Lehre schön.
Kannst auch noch etwas studieren
dreizehn Jahre oder zehn.

Schließlich bist du ausgebildet,
hast den Kopf voll von Ideen,
musst im Werk täglich malochen
dreizehn Jahre oder zehn.

Da du liebst auch einen Jüngling,
möchtest heiraten du geh'n.
Und du bist so richtig glücklich
dreizehn Jahre oder zehn.

Nun wird es auch Zeit für Kinder,
zwei bis drei wär 'n angenehm,
doch versagt alle Verhütung,
kriegst drum dreizehn oder zehn.

Schuftest jetzt nur noch zu Hause:
Waschen, Kochen, Rasen mäh'n,
Bügeln, Flicken, Kinder trösten
dreizehn Stunden oder zehn.

Männe hat dich längst verlassen,
findet jüng're Frauen schön,
hast für jeden Tag nur übrig
dreizehn Euro oder zehn.

Und am Ende deiner Tage
musst ins Altenheim du geh'n,
keins der Kinder kann dich pflegen,
hast du dreizehn oder zehn.

Wenn der Tod vor deiner Tür steht,
hast du kaum die Welt geseh'n,
warst grad zweimal kurz in Urlaub
dreizehn Tage oder zehn.

Wirst du dann zu Grab' getragen,
stiften Menschen Azaleen,
fragen: „War sie krank, die Dame?
Dreizehn Jahre oder zehn?"

Bist du an der Himmelspforte,
wirst du Petrus dann erspäh'n.
Der setzt dich auf eine Wolke,
Nummer dreizehn oder zehn.

Nun kannst du in Ewigkeiten
singen laut ein Requiem.
Und der Petrus lässt es regnen
dreizehn Tage oder zehn.

Liegst du lange schon im Grabe,
Fragen deine Lieben wen:
„Wann war noch mal ihr Geburtstag?
Im Mai ... dreizehn oder zehn?"

Mensch, ärgere dich nicht

Oftmals, so geschieht's im Leben,
kann es schlimmen Ärger geben.
Doch der Ärger schadet nur,
macht uns krank, beugt die Figur,
zeichnet Furchen ins Gesicht.
Drum: Mensch, ärgere dich nicht.

Bist du verliebt in einen Mann,
der schöne Augen machen kann
und dieser eine Party gibt,
dann freust du dich, da du verliebt
und der nicht einlädt dich, der Wicht:
Dann: Mensch, ärgere dich nicht.

Bist du aufs Kochen ganz versessen
und du hast ein Rezept vergessen
und du beginnst zu memorieren,
um diese Speise zu kreieren
und dann ist niemand drauf erpicht:
Dann: Mensch, ärgere dich nicht.

Kaufst du für ein Mädel Nelken,
die auf dem Heimweg schon verwelken,
dann darfst du keinesfalls verzagen,
sondern solltest rückwärts traben.
Wirf sie dem Händler ins Gesicht:
Doch: Mensch, ärgere dich nicht.

Mensch, wenn dein Hund für sich entdeckt,
wo du die Hausschuh hast versteckt
und er sie findet und sie frisst,
dann denk: „Vergib ihm. Du bist Christ.
Er war nicht bös aus seiner Sicht."
Und: Mensch, ärgere dich nicht.

Erhoffst vom Chef du mehr Entlohnung,
denn du brauchst 'ne größ're Wohnung
und fragst ihn drum nach mehr Gehalt
und Big Boss lächelt an dich kalt

und sagt: „Die Firma macht bald dicht."
Dann: Mensch, ärgere dich nicht.

Mensch, fährst du mit der Deutschen Bahn,
die schließlich fährt nach einem Plan,
dann wird dein Zug nicht pünktlich kommen,
da Gleisarbeiten vorgenommen.
Dein Ziel siehst du im Abendlicht.
Doch: Mensch ärgere dich nicht.

Mensch, wenn dein Kind kommt zu dir hin
und sagt: „Du sollst zur Lehrerin
mal kommen. Sie muss dir was sagen
zur Versetzung in zehn Tagen."
Dann nimm dein Kind mehr in die Pflicht.
Doch: Mensch, ärgere dich nicht.

Wenn deine Frau, was sie gern tut,
einkaufen geht mit Meiers Ruth
und kommt mit fünf Paar Schuh'n nach Haus,
dann schau sie an, bleib stumm, geh raus.
Trink einen Schnaps fürs Gleichgewicht.
Doch: Mensch, ärgere dich nicht.

Stellst du an den Fernsehkasten,
könntest öfter aus du rasten.
Tiermasthaltung und Randale,
Missbrauch und Finanzskandale
springen dir ins Angesicht.
Doch: Mensch ärgere dich nicht.

Mensch, ich versteh dich nur zu gut.
Bei manchem geht dir hoch der Hut.
Doch auch mit Grollen, Zetern, Keifen
kannst du die Dinge nicht begreifen.
Doch schone Nerven und Gesicht!
Und: Mensch, ärgere dich nicht.

Kalle auf Malle

Es fährt aus Osnabrück der Kalle
ein jedes Jahr erneut nach Malle.
Es zieht ihn hin zum Ballermann,
weil er da einen knallen kann.
Dort isst er Hähnchen, trinkt viel Bier.
Warum bleibt er nicht lieber hier?
Denn Gerstensaft und Hühnchen,
das kriegt er auch in München.
Stattdessen klatscht er wenig fit
zu Jürgen Drews uraltem Hit.
Denn Schnitzel, Bier und Bayernzelt
sind nicht gerade Spaniens Welt.
Die Sonne sieht er selten an
beim Bierkönig am Ballermann.
Bleich kommt er heim nach Osnabrück,
doch wünscht er sich sofort zurück.
Und so träumt dann der Kalle
ein ganzes Jahr von Malle
und spricht zu seiner Alma:
Komm doch mit mir nach Palma.

Et Fisternöllsche

Isch hann e Fisternöllsche
mit Pitter, ene Kölsche.
He hätt de Weetschaff op d'r Eck
und hätt sing Hääz am reschten Fleck.
Fiev Joare loop isch nu mit Pitt,
sing Frau Marie, die weiß dat nit.

Doch fürje Daach fuhr isch no Kalk,
do troaf isch minge Fründ, d'r Falk.
„Isch hann", so hät he misch jesteck,
„en streng Jeheimnis opjedeck.
D'r Pitter hätt en Krösken
Mit Köhnes Hein sing Rösken.
Un sing Marie, die leeve Frau,
die weiß von nix, die ärme Sau."

Isch denk, der häut misch vor d'r Kopp!
D'r Pitter! Mann, bin isch beklopp!
Der Jeck, der poppt dat Röske,
dat fiese, dusslich Döfke!
Nee Pitter, dat verzeih isch nie!
Isch sach dat dinge Frau Marie.

Isch flott do hin, no dem sing Frau
un saach: „Nu mach uns zwei Schabau.
Isch mott disch nu jett saare,
dat liescht misch op d'r Maare."
Un isch vertäll d'r janze Pröll
vom Pitter singe Fisternöll.

Do woar dat lääv Marie ant laache
un sacht: „Isch weiß von all die Saache.
Dat Sauaas poppt och Meiers Kättsche,
un noch Müllers Hein sing Mädsche.
Für minge Pitt wüür et en Qual,
wenn he nur wüür bie misch, sing Ahl.
Mir hätte dann och nur noch Knies,
uns jing et alle beide mies.

Doch wenn d'r Pitt jeht us der Saff
und he verlüss jett singe Kraff,
dann hann isch hem für misch, wie nett,
an minge Düsch on in ming Bett.
Bis do hin amüsier isch misch
Mit Fischers Fritz us Kessenisch."

Die Fischer

Es fischt der Fischer im Tümpel
doch oftmals nur altes Gerümpel.

Es fischt der Reporter im Trüben,
um klar zu sehn, muss er noch üben.

Es fischt der Hacker die Daten
und will sie an andre verraten.

Es fischt der Politiker Stimmen
und will damit Posten erklimmen.

Es fischt der Priester die Seelen,
doch manche tat er auch quälen.

Es fischt der Dieb seine Beute,
was er bislang nicht bereute.

Es fischt der Banker die Kunden,
ihr Geld ist dann oftmals verschwunden.

Es fischt das Kind in der Nase,
zieht raus eine poplige Blase.

Du

Liebeserklärung einer Lehrerin

Du bist die Decke auf meinen Füßen, den kalten
und die Patina auf meinem Schmuck, dem alten.
Du bist in meinem Roulettespiel die Kugel
und auf meinem Rechner bist du das Google.
Du bist der Sonnenhut auf meinem Kopf
und das Salz in der Suppe in meinem Topf.
Du bist der Navigator in meinem Wagen
und die Schokolade in meinem Magen.
Du bist die Kapuze an meinem Mantel
und in meinem Sportverein bist du die Hantel.
Du bist das Wasser auf meinen Mühlen
und das weiche Polster auf meinen Stühlen.
Du bist der Baum, der Schatten mir spendet
und die Sonne, die wärmende Strahlen sendet.

Du bist die Sahne auf meinem Eis
und in meinem Garten der Ehrenpreis.
Du bist die rote Tinte in meinem Füller.
Du bist in meinem Leben der ganz große Knüller!

Agathe

Ich kenn' eine Agathe,
ich kenne sie schon lang.
Sie geht auf meinem Pfade
fast seit ich denken kann.

Ich traf sie in der Schule,
zum Lernen ging ich hin.
Sie war da, um zu lehren,
zu schärfen meinen Sinn.

Agathe teilt ganz viel mit mir,
ich kriege öfter Sachen.
Wir lieben Musik und Klavier
und lieben es zu lachen.

Wir lieben Schubert, Kreisler auch
mit den makabren Stücken;
schwarzer Humor ist bei uns Brauch,
der hilft uns, wenn wir krücken.

Agathe liebt Literatur,
wie ich liebt sie's zu reisen.
Museen und Kunst hab'n Konjunktur,
in unsern Lebensweisen.

Sie gab mir oft manch guten Rat,
sie tut es heute noch.
Wir helfen uns auch in der Tat
aus manchem Seelenloch.

Seit nunmehr fünfundvierzig Jahren
sind wir gemeinsam stark.
Und drohen Ärger und Gefahren,
ziehn wir einander aus dem Quark.

Agathe ist ein Hauptgewinn,
ich möcht' sie nicht mehr missen.
Solch' Freunde geben Halt und Sinn!
Glaub mir, ich kann es wissen!
Du find'st den Irrsinn dieser Welt,
die irgendwie zusammenhält,
dann längst nicht so beschissen.

Gemütlichkeit

Auf dem Sofa mit der Decke
lieg' ich, doch die Katz, die jecke,
springt beglückt auf meinen Schoß,
rollt sich ein. Ich achte bloß,
dass ich nicht mit viel Getue
störe ihre Katzenruhe.
Nun, da ich so regungslos,
springt der Kater auf den Schoß,
stört kurz seine Schwesterkatze,
zankt sie mit der Katertatze,

rollt sich schließlich brav und fein
an der andern Seite ein.
Beide schnurr'n mir laut ins Ohr,
„Streichle mich" heißt dieser Chor.
Und ich streichle paritätisch
Katz' und Kater, das versteht sich.
Endlich kommt, 's wird nicht gefackelt,
unsre Hündin angewackelt.
Schaut auf Mensch und Katzenvieh,
wär' gern mit von der Partie.
Denkt: Warum bin ich so groß?
Ich pass' niemals auf den Schoß.
Macht sich voll Ergebenheit
Drum vor meinem Sofa breit.
Ich hingegen liege still,
will nicht stören das Idyll.
Liege gerne lange Zeit:
Ich nenne das Gemütlichkeit.

Fünfzig plus

Was? Es ist gleich wieder Wecken?
Ich hab' kaum geschlafen.
Ich muss mich noch mal strecken.
Warum will Gott mich strafen?
Warum kann ich nicht schlafen?

Grausam! Zuerst kam die Hitze.
Decke weg! Ich möcht' ins Wasser springen.
Ich will nicht mehr schwitzen!

Danach raste mein Herz, ich musste nach Atem ringen.
Es war, als wollte mein Brustkorb zerspringen.

Mein Herz wurde leiser, fast schlug es im Takt.
Nun rasten die Gedanken in meinem Kopf.
Sie war'n nicht zu bremsen. Es war ganz vertrackt.
Alles brodelte wie im Suppentopf.
Dann weinte ich wie ein dummer Tropf.

Weinend schlief ich gegen Morgen ein.
Nur noch zwei Stunden, dann musste ich raus.
Ich bin hundemüde, das ist so gemein.
Schlaflosigkeit ist ein einziger Graus.
Ich glaube, ich halte das länger nicht aus.

Ich steh' vor dem Spiegel.
Mein Gesicht – eine hässlich verquollene Fratze.
Ich greife zu Farbe, Töpfen und Tiegel.
Mein Haar sieht aus wie eine zerzauste Katze.
Am liebsten verschwände ich unter der Matratze.

Jetzt geht es zur Arbeit.
Ich fühle mich wie durch den Wolf gedreht.
Ich trage ein dunkles, weites Kleid,
das meine Speckrollen übersteht.
Ich muss mich beeilen, sonst komm' ich zu spät.

Ich gehe in das große, graue Gebäude -
überall laufen Menschen herum.
Ich beginne die Arbeit, heute ist's keine Freude.
Wenn mich jemand schief anguckt, falle ich um.
Wenn mich jemand anraunzt, weine ich drum.

Ich arbeite tapfer, mein Kopf ist nur Matsch.
Gott sei Dank ist gleich Pause!
Ich möchte für mich sein, ich mag keinen Tratsch.
Ich will endlich nach Hause!
Diese Wechseljahre sind weiß Gott keine Flause!

Die zweite Geige

Ein Kind mit Namen Josef Schmitz
sollt' kommen auf die Welt.
Auf einen Hof bei Bonnewitz,
man seine Wiege stellt.
Bei Mutter setzen Wehen ein,
der Arzt stellt fest: Die sind zu zwein.
Die Stimmung ging zur Neige.
Sein Zwillingsbruder Karl, der brüllt,
bis Mutter ihn als erstes stillt.
Und Josef spielt die zweite Geige.

Ein Mann mit Namen Josef Schmitz,
der wollt's der Welt beweisen
und wollt' als Starviolonist
den Erdenrund bereisen.
Doch die Karrier', die klappt nicht sehr.
Es blieben aus Erfolg und Ehr.
Das Glück, es ging zur Neige.
Im Kurorchester von Bad Tölz –
ein Muatterl lobt ihn: „Gott vergölts." -
spielt er jetzt nur die zweite Geige.

Ein Mann mit Namen Josef Schmitz,
der wollte sich vermählen.
Die Freunde dachten, 's sei ein Witz
und das, das tat ihn quälen.
Beim Zeitvertreib fand er ein Weib,
gar wohlgeformt am ganzen Leib.
Die Liebe ging zur Neige.
Der gute Jupp ist zwar getraut,
doch nun betrügt ihn seine Braut.
Und er spielt nur die zweite Geige.

Ein Mann mit Namen Josef Schmitz,
der wollte Vater werden.
Sein Weib gebar 'nen Sohn, den Fritz,
mit mancherlei Beschwerden.
Die Freude, die war riesengroß,
dann legt' man Fritz ihm in den Schoß.
Die Freude ging zur Neige.
Das Knäblein sah asiatisch aus.
So spielt Jupp Schmitz im eignen Haus
als Vater nur die zweite Geige.

Ein Mann mit Namen Josef Schmitz
wollt' einmal nur der Prinz sein
und zwar, so war sein Geistesblitz,
im Karneval zu Köln am Rhein.
Doch sein Verein sagte ihm nein,
sein Bankbudget sei viel zu klein.
Das Geld ging ihm zur Neige.
Jetzt spielt der gute Josef Schmitz
als lustig-dummer Hoppeditz
wie immer nur die zweite Geige.

Ein Mann mit Namen Josef Schmitz
war eifrig in der Politik.
Er wollte einen Reichstagssitz
zu ändern diese Republik.
Seine Partei legt Veto ein,
Mandat für Schmitz, das darf nicht sein.
Der Eifer ging zur Neige.
Man schickte ihn drum in den Kreis,
um zu beweisen seinen Fleiß.
Dort spielt er nur die zweite Geige.

Ein Mann mit Namen Josef Schmitz
war alt, doch reich an Gaben.
Da traf ihn eines Tags ein Blitz,
drum wurde er begraben.
Der Bürgermeister sprach am Grab,
dabei traf ihn sogleich der Schlag.
Sein Leben ging zur Neige.
Der Schock ergriff die Leute stark,
doch Schmitzens Jupp in seinem Sarg
spielt wieder nur die zweite Geige.

Schlankheitswahn

Ich steh', ich seh' auf meinen Leib,
auf meinen Leib, den runden,
ich bin ein hässlich dickes Weib
mit meinen vielen Pfunden.

Ich steh', ich seh' das viele Fett
auf meinem Po, den Hüften.
Ganz schlank zu sein, das wäre nett.
Ich muss mich schnell entgiften.

Ein Meter siebzig bin ich groß
wieg' hundert zwanzig Pfund.
Ich fühl' mich dick, was mach ich bloß?
Das ist doch nicht gesund.

Ich faste, das ist mein Entschluss,
ich ess' kaum Kalorien.
Und Wasser trink ich mit Genuss,
die Pfunde purzeln hin.

Ich steh', ich seh' auf meinen Leib,
seh', wie die Polster schwinden;
ich treibe Sport zum Zeitvertreib,
ich werd' mich weiter schinden.

Ich steh', ich seh' auf mein Gebein,
seh' überall nur Knochen.
Das Haar ist dünn, oh wie gemein!
Werd' mir ein Süppchen kochen.

Ich lieg' herum jetzt im Spital,
um mich herum Geräusche
Organversagen, fast total,
seh' überall nur Schläuche.

Die Ärzte schaun betroffen drein,
und sagen: „ Welche Qual

muss dieser Weg gewesen sein."
Mein Zustand sei fatal.

Und ob ich schließlich überlebe,
das wisse nur der Herr allein.
Ein Mädel zwar nach Schlankheit strebe,
doch Schlankheitswahn sei Seelenpein.

Schutzengel mein

Schutzengel mein, ich danke dir,
denn du bewachst mein Leben.
Du bist zur rechten Zeit stets hier,
um deinen Schutz zu geben.

Schutzengel mein, ich danke dir,
du bist mein Halt und Wehr.
Auf jeder Fahrt bist du bei mir,
auch wenn sie lang und schwer.

Schutzengel mein, ich danke dir,
denn auf allen Wegen,
schenkst du Geleit und Hilfe mir,
bist unsichtbar zugegen.

Schutzengel mein, ich danke dir,
du hast mich wunderbar
behütet oftmals für und für
in Angst, Not und Gefahr.

Schutzengel mein, ich glaub' an dich
bei jedem Mal noch fester.
Doch muss ich irgendwann nach Haus',
dann breite deine Flügel aus
und führ mich heim, mein Bester.

Totentanz

Wenn einst der Tod schleicht um mein Haus,
dann mach ich mir nicht viel daraus.
Das Sterben wird mich fast erfreun,
denn der Tod, das muss ein Wiener sein.
Ich sage nur: „Freund Hein, ich bitt,
wart doch noch mit dem nächsten Schritt.
Ich muss für meine Lieben
noch schnell etwas verfügen."

Mein Testament, das lautet so:
Ich wollte in Wien immer leben,
doch leider hat sich's nicht ergeben.
Jetzt möchte ich nur noch sterben in Wien.
Dann bringt mich schnell zum Friedhof hin.
Auf dem Zentralfriedhof möcht' ich begraben sein,
denn auf dem Friedhof ist es fein.
Da liegen Juden, Moslems, Christen
aller Art, auch Atheisten
zusammen ohne Aggressionen
trotz diverser Religionen.
Dort will ich gerne liegen,
denn 's Totsein dort ist fast Vergnügen.

Nach der Erfüllung meiner Bitt,
da geh ich mit dem Ginkerl mit.
Und wenn ich liege in dem Sarg,
dann finde ich das gar nicht arg.
Ich fühle keine Schmerzen,
kein Kummer in dem Herzen.
Ich schloss schon meine Augen zu
und habe meine Ruh.

Doch nachts im bleichen Mondenscheine
klappern plötzlich die Gebeine,
da heben die Skelette
sich aus dem Totenbette.
Sie steigen aus der Totengruft,
sie brauchen schließlich frische Luft.

Die Musiker voll Eleganz,
die spielen auf zum Totentanz.
Der Lanner spielt mit viel Applaus
auf zu einem Walzerstrauß.
Ja, es ist wie auf dem Kongress,
ich dreh im Walzertakt indes
mich mit Baron von Winterstein.
Gebein reibt zärtlich an Gebein.
Mit Knochenhänden er mich packt
und schwingt mich im Dreivierteltakt,
den der Bukowski dirigiert,
was mich sehr amüsiert.
Doch auch zu vielen andren Weisen
bewegt man sich in Totenkreisen:
Mit Literat Egon Friedell
tanze ich die Polka schnell.

Es schwoft auch Tante Julia
den Foxtrott mit Fritz Muliar.
Der hagere Hans Moser,
der swingt mit Fräulein Rosa.
Und Ludwig, der von Köchel,
hebt auch die dünnen Knöchel.
Ernst Waldbrunn und Fritz Loos,
die rocken gnadenlos.
Beim Jive des guten Falco
trinkt man ein Glas Sinalco.
Der Hip Hop Stil vom Bronner
schlägt ein wie Blitz und Donner.
Der gute Robert Stolz
tanzt Blues mit Fräulein Scholz.
Und Professor Farkas
versucht sich mal beim Csárdás.
Carl Ludwig Costenoble
brilliert im Pasodoble.
Karl Kraus und Milo Dor
kommt das recht spanisch vor.
Ein fesches Wiener Mädel
krault Jandls Totenschädel.
Am Ende spielt Familie Strauß
Radetzkys Marsch noch zum Kehraus.

Doch früh, wenn Nebel sinkt hernieder,
dann schlafen alle Toten wieder
ganz brav und tödlich bieder.

Auf dem Zentralfriedhof möcht' ich begraben sein,
denn auf dem Friedhof ist es fein.
Es lebe der Zentralfriedhof!

Da ist auch etwas los.
In unsern Gräbern leben wir:
Ja, ist das nicht famos?

Zeugnistag

frei nach „Morgen, Kinder wird's was geben" (Philipp v. Bartsch 1770 – 1833)

Morgen, Kinder wird's was geben,
morgen werden wir bereu'n.
Welch' ein Treiben, welch' ein Beben
wird in unserm Hause sein.
Einmal werden wir noch wach:
Hilfe, dann ist Zeugnistag!

Wie werden dann die Tränen glänzen
in der Kinder Augenpaar.
Vierer, Fünfer und das Schwänzen
stehen auf dem Formular.
Und der Lehrer wirft noch ein:
„Kind, du musst fleißiger sein!"

Wie soll ich den Stoff studieren,
wenn der Lehrer mich so quält?
Wie soll ich mich konzentrieren,
wenn mein Freund 'ne andre wählt?
Dann hat er mich noch verpetzt.
Jetzt steht da ein „Nicht versetzt".

Wie wird meine Mutter schreien,
toben durch das ganze Haus.
Sie wird nicht so schnell verzeihen,
gibt mir Hausarrest, oh Graus.
Vater nimmt es ruhig hin,
sagt: „Kind, ist doch nicht so schlimm!"

Oma Berta, Tante Lene
sehen dann das Zeugnisblatt,
schütteln ihre weiße Mähne,
geben Kommentare satt.
Und der Onkel Ingomar
sagt mir, wie es früher war.

Früher gab es nämlich Hiebe
auf die Hände, auf den Po.
Und auch so er aus mir triebe
mein so niedriges Niveau.
Mensch, da werde ich gedisst,
von dem Alten angepisst.

Morgen, Kinder, wird's was geben,
morgen werden wir bereu'n,
dass wir faul im Schülerleben,
uns an Partys nur erfreu'n.
Einmal werden wir noch wach:
Hilfe, dann ist Zeugnistag!

Hommage an Udo

Viele Menschen haben Hobbys,
manche lungern in den Lobbys,
manche wollen Tauchen lernen
in den Ländern, in den fernen,
manche üben täglich Judo.
Doch was tu ich? Ich höre Udo.

Udos Texte, die sind zeitlos,
immer gültig und nicht geistlos,
sehr gefühlvoll, vielfach kritisch,
packend und auch oft politisch,
sind nicht einfach seichte Schlager,
nicht aus dem Jasager-Lager.

Mit griechischem Wein sag ich Merci,
doch bitte mit Sahne, mon Chérie.
Mit sechsundsechzig, welche Wonne,
zeig ich den Platz dir an der Sonne!
Nun bleib doch bis zum Frühstück, Maus,
in diesem ehrenwerten Haus.

Mancher mag Helene Fischer,
Andrea Berg mag mancher sicher,
mancher hört Bläck Fööss und PUR,
mancher hört den Heino nur;
ob mit Ramstein oder ohne
interessiert mich nicht die Bohne.
Mancher hat Rap nur im Visier,
doch ich steh auf Udo mit seinem Klavier.

Der Unfall

Ein Freier liebte eine Dirne
in einer Kirche, ganz Barock.
Er hatte wenig drin im Hirne,
doch viel unter der Dame Rock.
Da löst sich plötzlich eine Putte,
fällt und trifft den Kopf der Nutte.
So kommt sie in den Himmel,
doch er steht da mit seinem Pimmel
steif und ganz starr vor Schock.

III. Politik und Gesellschaft

Abgehört

Alle Menschen, ich und du,
ob hier oder in Timbuktu,
werden – was die Welt empört –
systematisch abgehört.

Anrufe und SMS,
Emails oder GPS
werden – das ist nicht okay –
gespeichert von der NSA.
Als fadenscheinige Begründung
nennt man Terroristenfindung.

Wichtig ist, dass diese Schurken
nicht länger durch die Lande gurken,
um Bomben dort zu deponieren,
die im Gewühle detonieren.

Allerdings, so muss man fragen,
darf es denn der Ami wagen,
alle Menschen zu belauschen,
die wünschen, Neues auszutauschen?

Liebesschwüre, Neckereien,
Krankenakten und Dateien,
Fotos und auch (Bank)Geschäfte
sind im Visier der Spitzelkräfte.
Persönliches ist nicht mehr sicher;
dafür sorgt der Datenfischer!

Sicher fiel jetzt ein Tabu.
Der große Bruder schaut dir zu.
George Orwell sah es vor der Zeit:
Der große Bruder geht zu weit.

Das große Sterben

Bin ich in den Innenstädten
in Köln, in Hamburg oder Wien,
seh' ich fast nur noch Ladenketten.
Die große Vielfalt, die ist hin.

Die kleinen Läden sind gestorben.
Zu groß war ihre Konkurrenz,
hat mit Prospekten stets geworben
und ruiniert die Existenz.

Die Tante Emma, die ist fort,
die Großen haben sie vertrieben.
Jetzt ist dafür an jedem Ort
nur Uniformität geblieben.

Ich sehe nur den Einheitsbrei
von Takko, H & M und Kik.
Das Angebot ist Einerlei,
ist überall der gleiche Chic.

Das große Sterben hat begonnen,
der Onlinemarkt trug dazu bei.
Zu Haus bin ich dem Stress entronnen,
der Einkauf ist jetzt störungsfrei.

Ob Schuhe, Pflanzen, Suppentopf,
das alles gibt's im Onlinereich.
Du drückst zu Hause auf den Knopf,
zahlst mit der Plastikkarte gleich.

Das Sortiment hab' ich im Haus.
Und statt am Ladentisch zu wühlen,
klick ich nur noch mit meiner Maus
und sitz daheim bequem auf Stühlen.

Wenn ich mein Heim nicht mehr verlasse,
denn zwingend ist das nun nicht mehr,
gibt's auch kein Schwätzchen an der Kasse
mit Oma Schulz und Hein van Mer.

Gespräch mit Personal fällt aus.
Die Technik hat dich in der Hand
und die Beratung durch Herrn Kraus
wird seltener in diesem Land.

Recht einsam wird es um uns her,
denn jeder tippt nur noch auf Tasten.
Die Menschen reden oft nicht mehr,
sind nur Computerenthusiasten.

Doch die Moral von der Geschicht'
vergesse ich am Ende nicht:
Wer heut den Onlinemarkt verpennt,
ist morgen sicher insolvent.

Der Fisch

Ein kleiner Fisch mit Namen Claire,
der schwamm durchs große, weite Meer,
zufrieden und auch ganz gesund.
Sein Schuppenkleid war silbrig bunt.

Als er an Japans Küste kam,
das Unglück seinen Anfang nahm;
die schönen Schuppen fielen ab.
Doch leuchtet er wie eine Stab-
laterne jetzt in dunkler Nacht.
Das hat der Super Gau vollbracht.

Der Pelikan

Es denkt der alte Pelikan
mit Wehmut manches Mal daran,
als er noch viele Fische fand
im Meer an seinem Lieblingsstrand.

Doch die vielen Fischfangflotten
droh 'n die Bestände auszurotten.
Die Meere sind bald leer gefischt,
drum fängt der alte Vogel nischt.

Morgenlektüre

Wenn ich morgens Zeitung lese,
kommt das Grauen über mich.
„Hiob lebt", scheint da die These.
Das ist einfach fürchterlich

Busunglück mit vielen Kindern –
Fahrer unter Alkohol!
Überschwemmung bei den Indern!
Packeis schmilzt zu schnell am Pol!

Salmonellen in den Eiern!
Gammelfleisch ist im Verkauf!
Vogelgrippe bei den Geiern!
DAX im Negativverlauf!

Flugzeugabsturz in den Anden –
hundert Menschen ganz verbrannt!
Armut steigt in deutschen Landen!
Spritpreis auf dem höchsten Stand!

Menschen hungern in Somalia!
Stadtarchiv ist eingestürzt!
Anschlag auf die Alitalia!
Kulturetat wird stark gekürzt!

Havarie vor Englands Küste!
Öl verpestet Meer und Strand!
Panzer fahren durch die Wüste!
Fähre sinkt vor Helgoland!

Müllmann findet Babyleiche!
Wirtschaft in der Rezession!
An der Elbe brechen Deiche!
Fünf Menschen tot durch Explosion!

Vergewaltigung in Delhi!
Russen schnappen sich die Krim!
Granate tötet Israeli!
Ehrenmord in Yildirim.

Ständig neue Gräuel und Schrecken
drücken mir auf das Gemüt.
Was mag ich morgen wohl entdecken?
Was uns wohl morgen wieder blüht?

Ach, wie schön wär eine Zeitung
hier in unserm Vaterland,
wo nur fände das Verbreitung,
was erfreut mich und entspannt.

Eingedämmt sind alle Fluten!
Friedenszeiten hier und dort.
Besser leben Schwein und Puten!
ISIS Terror ist bald fort!

Aktien werden sich erholen!
Diktaturen sind verbannt!
Eis gefestigt an den Polen!
Nirgends mehr ein Flächenbrand!

Freiheit, Liebe, Hoffnung, Freundschaft
und Vertrauen obendrein,
Kunst, Kultur und auch Gesundheit
sollten Überschriften sein.

Doch der Horror weckt Interesse,
Gutes ist kaum interessant.
Drum ist meist negativ die Presse
hier in unserm deutschen Land.

Werbung

Seit es deutsches Fernsehen gibt,
ist Fernsehwerbung sehr beliebt.
Und weil's den Menschen oft gefällt
zeigt man eine Erlebniswelt,
man ein Produkt dort präsentiert
und obendrein noch suggeriert,
dass „ohne" man kaum existiert.

Für ARAL bist du zum Walking bereit.
Für eine CAMEL gehst du meilenweit.
Gehst du für HB noch in die Luft?
Doch PETER STUYVESANTS Duft der Welt ist verpufft.
Und der MARLBORO Cowboy ist verschieden,
denn frohen Herzens genießen, hätte er besser vermieden.
Auch eine MILKA Pause, Lachgummi oder MAOAM
hielten seinen Krebs nicht an.
Auch mit BROHLER
ward ihm nicht wohler.

Auch mit NIMM ZWEI blieb er nicht gesund.
Und er sagte: „I GO YELLOW als Engel über die Hügel."
Denn nur RED BULL verlieh ihm Flügel.

Die RAIBA macht dir den Weg frei
und mit TOYOTA ist nichts unmöglich dabei.
Denn: Bist du ALLIANZ versichert,
bist du voll und ganz versichert.
Du bist der PRAKTIKER: Geht nicht, gibt's nicht.
Und ohne deinen ALLTOURS gibt's keinen Reisebericht.
Dein VW läuft und läuft und läuft
doch wenn der Tag geht, der Mensch JOHNY WALKER säuft.
Zwar würden Katzen WISKAS kaufen,
doch Männer würden Whiskey saufen.

Meine QUELLE ist: Bitte ein BIT
und morgens um halb zehn bleib ich mit KNOPPERS fit.
Mit RA RA RA RA RACHENGOLD
bleibt unerkannt der Trunkenbold.
Riecht dein Atem nach ODOL,
fühlt sich jede Freundin wohl.
BAUKNECHT weiß, was Frauen wünschen:
Mit ALPINA die Wände tünchen.
Denn wie das JEVER, so das Land;
ASS den Kopfschmerz bannt.

Wenn 's vorne zwickt und hinten beißt,
nimm KLOSTERFRAU   MELISSENGEIST,
oder FEWA wisch und weg,
erfüllt dann auch noch seinen Zweck.
Nimm ALETEkost für 's Kind,
damit 's nicht in die PAMPERS stinkt.

SMARTIES viele, viele bunte und auch runde
schmecken dem Kind wie CHAPPI dem Hunde.
Alles MÜLLER, oder was
ist wie ein WICKÜLER vom Fass.

Geiz ist zwar geil, doch ein Stück
MARS bringt verbrauchte Energie sofort zurück.
Guten Freunden gibt man ein Küsschen,
doch dem Sittich füttert man TRILL ins Schnüsschen.
MC DONALD'S ist zwar einfach gut,
doch bei OPEL krieg ich Wut.
MON CHERIE, MEISTER PROPPER, ruft mich an,
doch keiner macht mich so sehr an wie EHRMANN.

Und nun komm: Pack den Tiger in den Tank,
mit ESSO und Ei Ei VERPORTEN
fahrn wir aller Orten
die Küste entlang,
mit Vorsprung durch Technik, BMW sei Dank.
Und du weißt: Wenn 's ums Geld geht – SPARKASSE
und dann immer hoch die Tasse -
hmm mit EDUSCHO Spitzenklasse.

Und wer hat's erfunden? Die Schweizer!

Wollt' man all das Zeug erwerben,
darf man erst mit hundert sterben.
Außerdem, Ihr werdet 's glauben,
muss man eine Bank berauben:
Denn kein Mensch auf dieser Welt
hat für alles das auch Geld.
Seid schön sparsam wie die Schwaben,

die Sparsamkeit erfunden haben.
Drum haltet Euch an SCHWÄBISCH HALL –
auf diese Steine können sie bauen – überall.
Mancher aber denkt indes
beim Häuserbau an LBS.
Die geben ihrer Zukunft ein Zuhause.
Mach mit SEITENBACHER Pause.

Aber: Ich bin doch nicht blöd.

Wer 's glaubt, wird selig!
Und wer 's nicht glaubt, den holt das Schleimmonster.

Zu Risiken und Nebenwirkungen der Werbung
lesen Sie das GOLDENE BLATT oder EXPRESS
oder fragen Sie den Gilb oder den Schogettenbär.
Also: BILD dir deine Meinung!

Telemania

Hilfreich sei der Mensch,
EDEL UND STARK,
denn das allein unterscheidet ihn
in GUTEN und in SCHLECHTEN ZEITEN.

DANNI LOWINSKI
praktiziert jetzt im Kempinski,
vertritt Menschen mit Rechts-Beschwerden,
ist förmlich EIN ENGEL AUF ERDEN.
Drum schenkt DER ERMITTLER ihr
jeden Tag ROTE ROSEN hier,

damit sie sich nicht kränkt
und sich nicht erhängt,
wenn keine Mandantschaft
Geld an Land schafft.
Sonst ertönte POLIZEIRUF 110,
aber das Kempinski fände das gar nicht schön.
Das Hotel will keinen TATORT
- egal, ob durch Mord oder Selbstmord –
an dem DER KOMMISSAR, DERRICK und DER ALTE
Spuren verfolgen, heiße und kalte,
alle Gäste befragen,
Hinweisen nachjagen.
HALLO, HOTEL SACHER PORTIER:
Das tut doch jedem Hotel wohl weh?

Und als die Mitternacht näher kam
sah ein jeder UNSERE KLEINE FARM
in der TWILIGHT ZONE von BIG VALLEY,
wo die GOLDEN GIRLS über GELD ODER LIEBE stritten
und die Cowboys von BONANZA über die Weiden ritten,
die sie von HIGH CHAPERRAL kauften,
als sie sich dort wegen der RAUCHENDEN COLTS nur noch rauften.
Dann lief Manolito zur SHILOH-RANCH - WESTLICH VON SANTA
FÉ,
doch dort taten ihm die Beine weh.
Manolito traf dort Inspektor COLUMBO,
der auf der Suche war nach dem entlaufenen RAMBO.

IMMER, WENN ER PILLEN NAHM,
kam DIE BEZAUBERNDE JEANNIE
und traf sich mit TAMMY, DEM MÄDCHEN VOM HAUSBOOT,
das sie aus dem TV-Geschäft ausbot,

weil ihr Meister JR aus DALLAS
ihr den Seitensprung nicht verzieh mit Maria Callas
und mit TWO AND A HALF MEN.
CATCH ME, IF YOU CAN!
Aber DER STURM DER LIEBE ist ALLES, WAS ZÄHLT,
auch wenn man IN ALLER FREUNDSCHAFT einander quält.

DAKTARI und DER DOKTOR kurierten DAS LIEBE VIEH
außerdem FURY und LASSIE.
Nur mit FLIPPER und SKIPPY hatten sie Probleme
wegen der Zähne.

Darum sehen Sie HEUTE,
aber DALLI DALLI , 3x9
in BIOs BAHNHOF.
VERGISSMEINNICHT,
denn DAS LITERARISCHE QUARTETT spricht
DAS WORT ZUM SONNTAG,
das JAMES BOND mag,
bevor er im CASINO ROYALE
eine SCHRECKLICH NETTE FAMILIE TRIFFT,
die in der SCHWARZWALDKLINIK Haschisch kifft.

Meine Damen und Herren,
wenn sie diese TAGESSCHAU konsumieren,
kann DR. HOUSE gleich ihr Hirn amputieren.

+++STÖRUNG+++STÖRUNG+++STÖRUNG+++STÖRUNG+++

Ohne Netz

Mein Gott, ich bin netzlos!
Ist das nicht gesetzlos?
Ärger als bei den Tieren,
kann nicht kommunizieren.
Keine Telefonleitung,
null Gedankenverbreitung.
Kein Onlinebetrieb!
Lieber Gott, war ich nicht lieb?

Kein Facebook, kann nicht twittern.
Bin voll auf Entzug! Muss immer nur zittern.
Kein YouTube! Kann nur Zeitung lesen.
Doch was war vor zehn Minuten gewesen?
Keine Email, keine Nachricht, kein AB.
Bin weit weg von der wirren Welt, oje!
Bin abgeschnitten, Gott, was für ein Schmerz!
Die Einsamkeit schlägt auf mein Gemüt, auf mein Herz.

Nur eine Leitung kann man nicht kappen mir!
Die braucht keine Fritz Box. Das ist die, Gott, zu dir.
Die braucht kein WLAN, ist wellen- und drahtlos.
Drum sprech' ich mit dir, sag dir, ich bin ratlos.
Was soll ich nur tun? Ganz ohne Netz?
                                                Jetzt?

Der König

Die Straßen sind gesäumt mit bunten Fahnen,
die Menschen voll Erwartung und gespannt.
Man kann das Großereignis schon erahnen,
denn der König reist ab jetzt durchs ganze Land.

Die Menschen liegen ihm devot zu Füßen,
manche tuen ihre Pflichten nimmermehr.
Sie sind damit beschäftigt ihn zu grüßen,
und die Arbeit läuft dann oftmals nebenher.

Die Menschen schwingen jubelnd ihre Fahnen,
um zu huldigen dem König der Nation.
Die Polizisten steh 'n in Scharen und ermahnen
die vielen Anhänger im Fußballstadion.

Denn der König macht die Menschen manchmal wahllos,
darum zündet Rauchraketen mancher Mann.
Andere entfachen die Bengalos,
denn das heizt die Stimmung besser an.

Und ist die Königsschau schließlich am Ende,
dann ziehen manche Horden richtig los.
Und sie randalieren lauthals im Gelände,
denn nur wer grölt und nur wer prügelt, der ist groß.

Und am Ende gibt es viele tiefe Wunden,
denn die Meute, die ist außer Rand und Band.
Die Polizisten, die sind auch recht stark geschunden,
denn König Fußball, ja der zieht durch unser Land.

National(es) Elf(chen)

8. Juli 2014, Belo Horizonte

```
                    Klose
              Özil       Müller
        Kroos     Khedira      Schweinsteiger
   Höwedes    Hummels    Boateng        Lahm
                    Neuer
```

WM-Gebet

anlässlich des Endspiels der Fußball Weltmeisterschaft 2014

Lieber, guter Fußballgott,
gib uns Deutschen diesen Pott.
Halte unsre Elf gesund
für den Deutschen Fußballbund.
Lass uns Zweikämpfe gewinnen
und den Gegner nieder ringen.
Hilf, dass die Gauchos, diese frommen,
nicht in unsern Strafraum kommen.
Lass Müller wieder Tore schießen,
die den Gegner sehr verdrießen.
Oder schicke Klose vor
zu einem schönen Kopfballtor.
Gib auch in deiner großen Güte,
dass Neuer unser Tor behüte.

Herr, lass die Abwehr nicht erlahmen.
Schenk uns diesen Titel! Amen.

Die 5. Jahreszeit

Tannenbäume sind verschwunden,
und des Jahres leise Stunden
ruhen wieder für ein Jahr.
Doch eins ist hier völlig klar:
Narren machen sich bereit
für die fünfte Jahreszeit.

Schunkeln, frohe Lieder singen,
in Kostümen munter springen,
und auf mancher Fastnachtsfeier
Bläck Föös, Höhner und Paveier,
Stippeföttche und jet bütze,
bunte Blumen an der Mütze,
Orden, Dreigestirn, Jupp Schmitz,
Masken, Möhnen, Hoppeditz,
Elferrat stets ohne Frau,
Luftballons, Alaaf, Helau,
Blaskapellen, Tanzmariechen,
Jecke, die nach Fusel riechen,
Rosenmontag, Narrenkappen,
Menschen, die Kamelle schnappen,
Rote Funken und die Blauen,
Narren, die begeistert schauen,
kostümiert als Hottentotten,
allseits toben große Rotten.

Wenn Menschen steigen in die Bütt
und schließlich gar der Zoch noch kütt,
wenn dann an vielen Straßenecken
lehnen angetrunk'ne Jecken,
in den Händen, Straßen, Taschen
leere und halbvolle Flaschen
und man Müll sieht überall,
dann ist wieder Karneval.

Aschermittwoch, Heringsbeißen
hat das Ende dann verheißen.
Doch die Narren warten schon
auf die neue Session.

Die Krise

Hab ich einmal Zeit zu rasten,
stell ich an den Flimmerkasten
oder lese aus Interesse
ein Produkt der deutschen Presse.
Was ist geschehen? Was ist los?
Was hör' und lese ich da bloß?

Bankenkrise, Eurokrise.
Hunger-, Öl- und Wirtschaftskrise.
Sturm und Regen: Klimakrisen,
Landverlust bei den Ostfriesen!
Freundschaftskrise, Ehekrise,
Krise auch bei Hans und Liese.
Brangelina: Trennungskrach!

Die Lombardis machen's nach.
Nahverkehr beschert die Krise:
Streiks - mehr Geld ist die Devise -
legen unser Land dann lahm,
da sie nicht fährt, die Deutsche Bahn.
Pilotenstreik sorgt auch für Frust;
Bodenhansa macht Verlust!

Kita-Streiks, Betreuungskrise,
Oma sorgt dann für Luise.
Krise bei der Deutschen Bank,
Schmu fiel auf nun Gott sei Dank.
FIFA auch tief im Schlamassel
FBI lässt Ketten rasseln;
Korruption bringt nun Bedrängnis.
Vielen droht dadurch Gefängnis.
Hört es endlich auf zu blattern?
Genug genährt die falschen Nattern.

Jetzt VW auch in der Krise:
Tricksereien, echte, fiese,
durchgeführt an den Motoren.
Guter Ruf ging so verloren.
Aktienkurse schnell und schneller
rasen in den tiefsten Keller.

Flüchtlingsströme auf den Meeren,
manche Länder tun sich wehren:
weil die Fremden aus dem Osten
jede Menge Kohle kosten.
Und nun zu allem Überfluss
gibt's jetzt noch Trump, die taube Nuss!

Ein Elefant in einem Lotus
ist viel graziler als der Potus.

Grexit, Brexit, Eurozone,
Austritt, der ist auch nicht ohne.
Ohne Solidarität
ist's für Europa bald zu spät.
Kriege und auch Krisenherde,
nix mit Frieden auf der Erde.
Doch schlimmer als die schlimmsten Krisen:
Bierpreis höher auf der Wiesen.

Lese ich dergleichen täglich,
fühl' ich mich unsäglich kläglich.
Nachrichten und meistens miese
treiben *mich* dann in die Krise.
Krisengeschüttelt sitz ich da
tief schniefend und mit Niesen.
Der Tag, er wäre wunderbar,
wären da nicht die Krisen.

Maikäfer flieg

Altes Kinderlied mit neuem Text (Melodie von J. F. Reichardt 1781)

Maikäfer flieg',
die Syrer sind im Krieg,
Zypras ist in Griechenland,
Griechenland ist abgebrannt.
Maikäfer flieg'.

Maikäfer brumm',
der Islamist ist dumm.
Er kämpft für einen Gottesstaat,
beschränkt im Kopf und sehr rabiat.
Maikäfer brumm'.

Maikäfer summ',
der Terror, der geht um.
Die Meinungsfreiheit ist bedroht,
wer kritisiert, den macht man tot.
Maikäfer summ'.

Maikäfer flieg',
beim Krieg gibt's keinen Sieg.
Durch Panzer, Bomben, Schießgewehr,
lebt unsre Erde bald nicht mehr.
Maikäfer flieg'.

Dubai

Megastraßen, Häuserschluchten,
Metro, Malls und Busverkehr,
Moscheen und auch kleine Buchten,
Palmen, Strand und klares Meer.

Gigahäuser, nicht mal triste,
alles voll klimatisiert,
Eislauffläche, Abfahrtspiste,
in der Wüste installiert.

Burj Kalifa, Warteschlange,
Wasserspiele, Wüstensand,
Ölbohrinseln, für wie lange?
Scheich bestimmt das ganze Land.

Edle Läden, Reitkamele
Derwischtanz und Shishabar,
Souks, Bazare, Händlerseele,
Bauchtanz und auch Dromedar.

Schwarz verschleiert viele Frauen,
Kaftan trägt der Wüstensohn.
Bärtig, stolz Araber schauen,
teure Wagen, hoher Lohn.

Ganz egal, wohin man schaut,
völlig künstlich ist das Land,
alles ist auf Sand gebaut,
Historisches man hier nie fand.

Die Arbeit tun die fremden Leute
fern von ihrem Heimatland,
sind für die Herren bill'ge Beute
und gesund nur interessant.

Trotz der großen Bodenschätze
denkt zu kurz der Wüstenscheich.
setzt auf Finanz- und Bankumsätze,
Wissen, Bildung sind ihm gleich.

Luxus und auch sehr viel Geld,
zeigen sich an jeder Ecke,

regieren hier die Wüstenwelt,
sind doch Mittel nur zum Zwecke.

Irgendwann doch platzt die Blase,
dort im heißen Morgenland,
bestürzt kratzt sich der Scheich die Nase,
versinkt danach im feinen Sand.

Zwei Engel

Zwei Engel – dies nur zur Erklärung –
war 'n im Himmel auf Bewährung.
Sie mussten erst durch Tun und Walten
ihre Flügelchen erhalten.
Man schickte sie zurück zur Erde,
auf dass dies endlich etwas werde.

Die Englein mühten sich gar sehr,
doch Flügel kriegen ist sehr schwer.
Sie fuhren hin bis nach Berlin,
dort trafen sie die Kanzlerin,
die noch an ihrem Image feilte:
Eine Idee, ganz schnell, es eilte.
Und Engel eins, der sich was traute,
empfahl der Kanzlerin die Raute
für die Haltung ihrer Hände,
wenn sie nicht etwas Bess'res fände.
Und Engel zwei sprach: „Zu der Pose
trägt man Jacke sowie Hose
und vielleicht noch eine Kette,
wenn man denn eine schöne hätte."

Seitdem, da kennen allesamt
der Merkel Raute hierzuland'.
Zudem sieht man sie ausnahmslos
bekleidet mit Jackett und Hos'.
Und was die Englein ausgeklügelt,
hat sie am Ende auch beflügelt.

Der Kandidat

Ich bin Kandidat für Position Z,
denn diese Aufgabe find' ich sehr nett.
Man zahlt mir dafür auch gleichfalls viel Geld.
Das ist so ein Punkt, der mir auch gut gefällt.
An der Arbeit selbst bin ich kaum interessiert,
doch schön ist's, wenn mich die Presse hofiert.
Ich steh mehrfach pro Woche in den Zeitungen drin,
weil ich für den Posten erkoren bin.
Dass ich Vieles nicht kann, das macht alles nix,
denn die Hauptsache ist, ich komme aus X.

An Diskussionen nehme ich gerne teil,
ich eire herum, doch ich find' mich geil.
Ich rede und rede, egal wie und was,
ich hab' keine Ahnung, doch ich habe Spaß.
Ohne Standpunkt zu sein, das ist gar nicht so dumm.
Man kann mich auch darauf nicht festlegen drum.
Ich bin zwar nicht fähig, doch omnipräsent,
durch Wahlpropaganda mich jeder bald kennt.
Von Politik versteh ich zwar nix,
doch das spielt keine Rolle, denn ich komme aus X.

Wenn bei andern am Wahltag die Spannung noch steigt,
da bleib ich ganz ruhig, von mir selbst überzeugt.
Ich werde gewählt, des bin ich gewiss,
denn in meinem Wahlkreis gibt's kein' Kompromiss.
Hier wählt man seit Jahren nicht anders als blau,
ob alt oder jung, ob Mann oder Frau.
Ich geh ins Parlament, bald ist es soweit.
Doch zum Studium der Akten hab ich keine Zeit.
Schlau muss ich scheinen, Akten sind für mich nix,
doch das ist egal, denn ich komme aus X.

Das Volk ist dabei nur der Depp,
denn es wählt den tumben Sepp.
Es wünscht sich Bütten, kriegt nur Krepp.
Oh, Politik ist oft nur Nepp.

Eurokrise

frei nach „Kein schöner Land in dieser Zeit" (Zuccalmaglio 1803 - 1869).

Kein schöner Land in dieser Zeit
hier in Europa weit und breit
als deutsche Landen,
die durchgestanden
die Krisenzeit.

In Sachen Arbeitslosigkeit
gilt es als Vorbild weit und breit.
Die Wirtschaft blühet,
die Steuer sprühet
für lange Zeit.

Doch sprachen wir in mancher Stund'
über die Krise im Staatenbund.
Und debattierten
und garantierten
's Geld bleibt gesund.

Gott gebe unsrer Kanzlerin
stets weiten Blick und scharfen Sinn.
Mag sie regieren,
konsolidieren
dort in Berlin.

Dass wir in Deutschland in nächster Zeit
gegen die Krise sind stets gefeit.
Gott mag es schenken,
mag Merkel lenken
europaweit.

Sonst wünsch' ich eine gute Nacht,
weil das System zusammenkracht.
Der Euro schwindet,
das Volk sich windet
ganz ohne Macht.

Dann singen wir im Jammertal
für Geld am Flugzeugterminal.
Halten die Hüte,
hoffen auf Güte,
von Scheich Kamal.

Helikopter Eltern

Viele Kinder auf der Welt
sind ganz auf sich allein gestellt.
Andere auf dieser Erden
viel zu stark betütelt werden.
Tun keinen Schritt, wohin 's auch sei.
Die Eltern sind ständig dabei.

Schule, Freizeit, Kinderhort,
Mutter mischt sich ein sofort:
Sitzordnung und Klassenreise,
Vokabeltest, Vorgehensweise,
Zeugnis, es ist einerlei:
Die Eltern machen stets Geschrei

Minchen ist im Kindergarten,
hat so ihre Eigenarten.
Minchen schreit, hat Trennungsschmerzen.
Der Mama geht das zu Herzen,
bleibt drum bei ihr bis kurz nach drei.
Denn: Mutter ist allzeit dabei.

Klara geht auf Klassenreise,
Gefahren lauern haufenweise.
Mama, die macht sich mächtig Sorgen,
packt auch den *eignen* Koffer morgen.
Egal, wie peinlich es auch sei:
Die Mama ist stets dabei.

Auf Laurentins Geburtstagsfete
ist man zu groß zum Spiel mit Knete.

Die Kinder wollen Schnitzel jagen,
doch Mama kann's nicht vertragen.
Allein im Wald ist Narretei.
Und: Mutter ist wieder dabei.

Es ist so gegen Mitternacht,
das Spielen Markus müde macht.
Jetzt hat er Hunger, dieser Wicht.
Ein Butterbrot, das reicht ihm nicht.
Mama brät ihm ein Steak mit Ei.
Denn: Mutter springt immer herbei.

Es geht auf Abi Abschlusstour
Finn-Kevin, der hat Angst davur.
Acht Tage Rom und ganz allein,
das ist für Kevin große Pein.
Damit der Knab' behütet sei,
ist Vater dieses Mal dabei.

Kathrin ist in einer Disco,
nur in Heinsberg, nicht in Frisco,
hält sich nicht an Rückkehrzeiten.
Papa gedenkt hier einzuschreiten
und ruft sie aus um zehn Uhr zwei.
Denn: Papi ist diesmal dabei.

Jan-Pascal sucht eine Stelle,
doch findet keine auf die Schnelle.
Mutter fertigt voll Elan
die Bewerbungsschreiben an.
Beim Chefgespräch um viertel zwei
ist Mutter allemal dabei.

Julchen ist jetzt frisch getraut,
sie Ralf verliebt ins Auge schaut.
Sie steh 'n nun vor der Hochzeitsnacht.
Ach, wäre das nur schon vollbracht!
Doch braucht man Hilfe, reicht ein Schrei.
Die Mütter sind auch hier dabei.

Heli Eltern, das ist klar,
finden sich ganz wunderbar.
Doch die Kinder, diese lieben,
sind unselbstständig so geblieben,
wurden so zum weichen Ei.
Denn: die Eltern war 'n dauernd dabei.

Es gibt keine Briefschreiber mehr

Als ich betrachtet unsre Welt,
da habe ich bald festgestellt:
Die Welt dreht sich so rasend schnell
ganz wie ein Kirmeskarussell.
Und wir Menschen haben Eile,
hasten gänzlich ohne Weile
durch die Zeit im Schweinsgalopp.
Alles geht nur hopp, hopp, hopp.
Wir simsen, posten, mailen, hetzen,
ob wir lernen, ruhen, sexen.
Wo immer wir auch stationiert,
es wird erregt kommuniziert.
Doch eine Einsicht bedrückt mich so sehr:
Es gibt keine Briefschreiber mehr.

Wir reisen um die ganze Welt
So irre rasch, wie 's uns gefällt.
Von Kapstadt bis zur Beringsee,
von Griechenland bis Santa Fé
da touren die Touristen.
Moslems, Hindus, Juden, Christen
lieben oft pauschale Reisen,
die sie in die Ferne weisen.
Oftmals hört man laut sie sagen:
Ich mach' Europa in acht Tagen.
Und welcher Eindruck bleibt denn haften,
wenn sie dann ganz Europa schafften?
Doch eine Einsicht bedrückt mich so sehr:
Kaum jemand beschreibt seine Reisen mehr.

Selbst in der Liebe gibt es Eile,
die Partnerwahl geht ohne Weile.
Mit zwölf hat man den ersten Freund,
mit vierzehn sexuell vereint.
Die Liebe endet dann mit Stress
durch WhatsApp oder SMS.
Mit achtzehn schwanger, flugs getraut.
Danach hat man schnell abgebaut.
Mit zwanzig ist man dann geschieden
und ist erst recht nicht mehr zufrieden.
Der Psyche macht das den Garaus,
manch einer flippt drum völlig aus.
Der Psychologe flickt die Seele,
damit sie sich nicht weiter quäle.
Doch eine Einsicht bedrückt mich so sehr:
Liebesbriefe, die gibt es nicht mehr.

Im Wald

TEIL I

Ein Käuzchen äugt.
Ein Dompfaff pfeift.
Ein Fuchs streift durchs Revier.
Die Maid sich beugt.
Der Bursche greift
das Mädchen an mit Gier.

Ein Zeisig singt.
Ein Rehkitz säugt.
Von Ferne schimmern Seen.
Das Mädchen sinkt,
sich nutzlos sträubt.
Da ist 's um es geschehn.

Ein Buntspecht klopft.
Ein Kuckuck ruft.
Ein Bach rinnt durch das Moos.
Der Bursche stopft
bei seiner Kluft
das Hemd noch in die Hos'.

Ein Häschen rennt.
Ein Kätzchen faucht.
Ein Igel huscht vorbei.
Das Mädchen flennt.
Der Bursche raucht
befriedigt nach der Liebelei.

TEIL II

Man meint man sei im Walde
allein und ungestört.
Doch du merkst schon sehr balde,
du wirst hier abgehört.

Die vielen Tiere sehen,
was in dem Wald passiert.
Sie kennen das Geschehen,
doch wird's nicht publiziert.
Das ist der große Nachteil
des Menschen heutzutag',
dass er ein jegliches Detail
der Welt mitteilen mag.

Es bleibt nichts mehr verborgen,
wir sind total vernetzt.
Doch werden öffentlich die Sorgen
und der Menschen Laster morgen,
dann ist die Welt entsetzt.

Menschenkinder

Wir sind alle Menschenkinder,
    egal, ob weiß, ob gelb, ob braun.
Wir sind alle Menschenkinder
    und sind wertfrei an zu schaun.
Wir sind alle Menschenkinder,
    mancher hübsch und wohlgeformt.
Wir sind alle Menschenkinder,

    Schönheit ist nicht streng genormt.
Wir sind alle Menschenkinder,
    egal ob Mönch, ob Clown, ob Scheich.
Wir sind alle Menschenkinder
    im Jemen und in Österreich.
Wir sind alle Menschenkinder,
    fahr 'n im Lebenskarussell.
Wir sind alle Menschenkinder,
    mal langsam und mal ziemlich schnell.
Wir sind alle Menschenkinder,
    spüren Freude oder Schmerz.
Wir sind alle Menschenkinder
    tief in unserm Menschenherz.
Wir sind alle Menschenkinder,
    ob im Süden oder Norden.
Wir sind alle Menschenkinder,
    manche helfen, manche morden.
Wir sind alle Menschenkinder,
    sind Veganer, essen Huhn.
Wir sind alle Menschenkinder
    in Dänemark und Kamerun.
Wir sind alle Menschenkinder,
    haben Laster, haben Sorgen.
Wir sind alle Menschenkinder,
    sehnen uns nach gutem Morgen.
Wir sind alle Menschenkinder,
    wünschen eine gute Zeit.
Wir sind alle Menschenkinder,
    woll'n Frieden und Gerechtigkeit.
Wir sind alle Menschenkinder,
    eines trägt des Andern Last.
Wir sind alle Menschenkinder,

    eines liebt, das andre hasst.
Wir sind alle Menschenkinder,
    von dem Schöpfer einst gemacht.
Wir sind alle Menschenkinder
    von Mutter auf die Welt gebracht.
Wir sind alle Menschenkinder,
    keines sei des Andern Knecht.
Wir sind alle Menschenkinder,
    gerecht und oftmals ungerecht.
Wir sind alle Menschenkinder,
    die einen schwul, die andern bi.
Wir sind alle Menschenkinder
    teils nüchtern, teils mit Phantasie.
Wir sind alle Menschenkinder,
    manche arm und andre reich.
Wir sind alle Menschenkinder,
    sind im Tode völlig gleich.
Wir sind alle Menschenkinder,
    ob niedrig oder hoch gestellt.
Wir sind alle Menschenkinder
    hier auf unsrer aller Welt.

Menschenskinder, drum vertragt euch!
Ertragt das andre Menschenkind,
ganz gleich wie sich 's verhält und spricht.
Wir sind alle Menschenkinder,
andere, die gibt es nicht.

Armes Deutschland

Das deutsche Land – oh es verarmt.
Wird niemand es verhindern?
Ob Gott sich unser nicht erbarmt?
Wer dient als Beispiel unsern Kindern?

Wer mag als Vorbild denn noch taugen?
Die alte Garde, die stirbt aus.
Welch' junger Mensch in unsern Augen
reicht über 's Mittelmaß hinaus?

Wer kritisiert?
Wer unterhält?
Wer karikiert ?
Wer erklärt uns die Welt?

Scholl-Latour und Hildebrandt,
Lenz, Karaseck und Jürgens,
Reich-Ranickis Sachverstand
findest du heut' nirgends.

Ihre Spuren, die sind groß,
die sie hinterlassen.
Wer tritt in diese Stapfen bloß?
Wer ist es, dem sie passen?
Ein Mehr an Bildung täte Not.
Die Jugend muss studieren,
denn ein armer Idiot
ist auch leicht zu verführen.

Demokratie heißt Volksherrschaft;
die Wirtschaft muss sich wandeln.
Sie sollte doch mit ganzer Kraft
für Land *und* Leute handeln.

Die unsre Staatsgeschäfte lenken,
sie müssen auf den Menschen schau 'n,
sie sollten nicht nur an sich denken.
Sonst fehlt den Bürgern das Vertraun.

Lieb Vaterland, komm schlaf nicht ein!
Ganz brüchig wird die Wacht am Rhein.
Wer wird denn bald dein Hüter sein
an Weser, Havel, Saar und Main?

Staatsfeind Nr. 1

Politiker, die nur mehr lügen,
ihre Hälse stets verbiegen,
solche, die auf Volkes Kosten
sichern ihre hohen Posten,
solche, die auf Volkes Knochen
stets ihr eignes Süppchen kochen,
jene, die ihr Volk entrechten,
degradier'n zu Menschenknechten,
die als Werkzeug ihrer Rache
Kinder zu Soldaten machen,
solche, die die Welt bedrohen,
ihre Bürger nur verrohen,
die, die Korruption noch dulden
und erhöh 'n des Volkes Schulden,

welche, die sich nicht genieren
ihr Volk im Land zu kasernieren,
die mit Bomben um sich schmeißen,
Menschen in den Abgrund reißen,
solche, die ihr Land verminen,
Kinder in den Himmel beamen
oder sie zu Krüppeln machen
durch dergleichen Kriegsspielsachen,
jene, die durch Hasstiraden
Menschen in die Kriege jagen,
Mädchen in die Burka zwingen,
sie um ihre Bildung bringen,
die die Religion benutzen
und so die eig'ne Macht ertrutzen,
die Journalisten inhaftieren,
damit sie ja nichts kritisieren,
gleichfalls, die durch wenig Hirn
ihr Volk nur in die Irre führ'n,
die Menschen in die Armut treiben,
sich selbst ihr fettes Bäuchlein reiben,
die gegen 's eigne Volk gehetzt,
gehören schnellstens abgesetzt.
Die sind der Staatsfeind Nummer eins!
Welches Land braucht solche Schurken? - Keins!

Der rote Bär

Der rote Bär lag lange da,
er ruhte friedlich, still.
Er ruhte etwa zwanzig Jahr',
ganz ohne ein Gebrüll.

Doch unlängst kam ein frecher Dachs,
der kniff ihn in den Batzen.
Der Bär, er mochte keinen Flachs,
hob drohend seine Tatzen.

Er hob die große Bärentatze,
langte hin, ganz schlimm,
zog dabei eine böse Fratze
und holte sich die Krim.

Jetzt kaut der Bär mit viel Gebrumm,
die Krim liegt schwer im Magen,
denn das Getier um ihn herum
kann 's Rauben nicht vertragen.

Der rote Bär ist einsam jetzt,
er tat sich isolieren,
doch wurde er nur unterschätzt
von allen andern Tieren.

III. Kriminelles

Der Angriff

Fröhlich ging er abends aus,
doch kam er lange nicht nach Haus.
Spät nachts rief das Spital mich an,
dort liege jetzt mein Ehemann.
Die Polizei kam kurz darauf
und klärte mich zur Lage auf.
Vier Burschen voll von Drogenstoffen
und dazu auch noch angesoffen
haben ihn ganz ungeniert
mit Baseballschlägern malträtiert.

Fünf Wochen später kam er heim;
Jetzt isst er bloß noch Haferschleim
und trinkt nur aus der Schnabeltasse.
Der Rollstuhl steht auf der Terrasse.
Warum half niemand meinem Mann?
Alle gafften nur und dann
waren sie fort nach einer Weile
aus Angst, sie kriegten auch noch Keile.

Das Opfer

Da liegt sie nun in ihrem Blute,
drei Zähne fehlen in der Schnute.
Ihr Leib ist löchrig wie ein Sieb
nach dem zwölften Messerhieb,
hat blaue Flecken überall
nach dem brutalen Überfall.

Er hat ihr ständig aufgelauert.
Die Polizei hat stets bedauert,
dass sie da gar nichts machen kann,
denn kein Gesetz brach dieser Mann.
Jetzt hat er das Gesetz gebrochen
und hat sein Opfer abgestochen.

Die Ballade von Doris Dünnwald

Doris Dünnwald aus Bad Breisig
will, obwohl schon Ende dreißig,
einen netten, feschen Mann,
der ihr Leben teilen kann.

Darum sucht sie zur Abendzeit,
aus Mangel an Gelegenheit,
im Onlinemarkt im Internet
einen Mann für Tisch und Bett.

Und kurz darauf, nach ein paar Wochen,
hat Doris einen Freund, den Jochen.

Der Jochen, welcher wohnt in Menden,
trägt die Doris bald auf Händen.

Ein Jahr darauf - die Hochzeitsglocken.
Alles weint; kein Auge bleibt trocken.
Auf Hochzeitsreise geht's an den Main,
denn Jochen möchte recht sparsam sein.

Doch schon in den ersten gemeinsamen Tagen
ist Jochen für Doris nur schwer zu ertragen.
Denn er doziert ohne Unterlass,
an keiner Vergnügung hat er mehr Spaß.

Er quält sie mit seiner Eifersucht.
Ihre Arbeit wird täglich dreimal verflucht.
Doris, sie leidet, wird kränklich und dünn.
Ihr großer Liebestraum ist hin.

Für sie ist er jetzt nur noch ein Graus
und sie denkt sich deshalb eine Lösung aus.
Aus Sparsamkeit sagt sie: „ Ich will versuchen,
im Wald für das Essen Pilze zu suchen."

Der geizige Jochen ist drum ganz gerührt,
weil er lange schon Hunger auf Pilze verspürt.
Doris sammelt die schönsten Pilze für Jochen,
um mit ihnen ein gutes Rezept nach zu kochen.

Das macht sie drei- viermal so in vierzehn Tagen
und Jochen hat nie einen Grund zum Klagen.
Schmeckten die Pilze stets prima und frisch,
wenn sie wurden serviert auf dem heimischen Tisch.

Doch dann greift Doris zu ihrer List:
Sie sammelt Fliegenpilz und Bovist;
Knollenblätterpilz und Schwefelkopf
wandern zur Frühlorchel in den Topf.

Jochen isst die Pilze mit Appetit.
Doris sagt: „Ich hab Kopfweh, drum ess' ich nicht mit."
Doch dann, nach etwa zwei bis drei Stunden,
hat Jochen sich auf der Erde gewunden.

Sein Magen verkrampft sich in übelstem Schmerz.
Durch das Gift fängt auch an zu rasen sein Herz.
Mit glasigen Augen und zitternden Knien
erfleht Jochen wirksame Medizin.

Doch Doris, dieses Ungeheuer,
sagt, Pillen und Tropfen seien zu teuer.
Er müsse die Schmerzen schon ertragen,
im Kopf, am Herzen und auch im Magen.

Seelenruhig geht Doris nun aus dem Haus.
Als sie wieder heimkommt, ist 's mit Jochen aus.
Zuvor hat die Dame schon voll Energie
alle Spuren beseitigt mit viel Akribie.

Jetzt ist Doris Dünnwald wieder alleine.
Sie weint viele Tränen, doch dies nur zum Scheine.
„So glücklich war doch dies liebende Paar!",
sagen die Leute, „Ganz wunderbar."

Nach einigen Wochen Trauerzeit
kriegt Doris vom Nachlassgericht Bescheid.

Es gilt zu eröffnen das Testament
von Jochen, dem Gerichtspräsident.

Und so erbt Doris Dünnwald als Ehefrau
fünfhundert Mille und ein Haus in Schönau.
Und so lebt Doris Dünnwald nun für alle Zeit
wohlhabend, froh und vom Manne befreit.

Ewige Liebe

Mein Schatz, ich liebe dich so sehr,
du bist mein Lieb und Leben.
Drum hab' ich dir vor langer Zeit
mein Ja-Wort auch gegeben.

Doch eines Morgens zog mein Herz
sich fürchterlich zusammen.
Es war ein grauenhafter Schmerz
und meine Tränen rannen.

Grund war ein Brief in himmelblau,
er hatte Veilchenduft.
Im Magen wurde mir ganz flau,
ich brauchte frische Luft.

Und diesem Brief, dem folgten noch
ganz viele solcher Schreiben.
Verzweiflung langsam in mich kroch,
so konnte das nicht bleiben.

Auf einmal fühltest du dich schlecht,
du musstest dich erbrechen.
Doch der Arzt fand nicht so Recht
den Grund für dein Gebrechen.

Jedoch, mein Schatz, ich sah dir's an,
du siechtest still dahin.
Der Doktor, dieser Scharlatan,
erprobte Therapien.

Er stopfte dich mit Pillen voll
und mit verschied'nen Säften.
Das aber war so gar nicht toll,
tat dich noch mehr entkräften.

Jetzt liegst du völlig matt und schwach
darin in deinem Bette.
Dein Atem ist ganz rau und flach.
Bald stirbst du - jede Wette!

Einst sagtest du, du liebtest mich
viel mehr noch als dein Leben.
Und darum, Schatz, entschied ich mich,
dir ständig Gift zu geben.

Arsen, Stechapfel, Herbstzeitlose,
Pfaffenhütchen, Wunderbaum,
Quecksilber, Blei in kleiner Dose
und Belladonna – gift'ger Traum!

Das alles mischt' ich unter's Essen,
du hast es brav verspeist.

Ah, Nikotin hab' ich vergessen.
Ich will, dass du das weißt.

Mein Schatz, ich liebe dich so sehr,
du bist mein Lieb und Leben.
Doch eine Liebschaft nebenher
kann ich dir nicht vergeben.

Und jetzt, jetzt endlich lese ich
die vielen Veilchenbriefe.
Doch plötzlich, da durchfährt es mich,
bis in des Markes Tiefe:
Denn unterzeichnet waren sie
mit Kurt und nicht mit Valerie.

Im Supermarkt

Sie sitzt an der Kasse im Supermarkt
und hört, wie man draußen die Autos parkt.
Sie zieht drinnen Eier und Brot über 'n Scanner,
das macht sie schon fünf Jahr' jetzt im Jänner.
Sie arbeitet gerne bei ALDI
und denkt dabei an Vivaldi.

Sie arbeitet täglich von sieben bis zwei.
Zu Hause hat sie der Kinder drei.
Der Vater der Kinder ist lange verschwunden,
er hat eine jüngere Frau gefunden.
Drum arbeitet sie jetzt bei ALDI
und denkt dabei an Vivaldi.

Gestern nun wurde ihr Markt überfallen.
Der Räuber begann mit der Waffe zu knallen.
Er wollte die Einnahmen mindern,
doch sie wollte dieses verhindern.
Jetzt spiel'n ihr die Engel Vivaldi
am Ladenboden beim ALDI.

Kölner Unterwelt

In dem Lokal „Zur Alten Unke",
einer ganz grässlichen Spelunke,
da treffen sich die Räuberbanden,
nachdem sie ihre Opfer fanden.

Der Jimmy Nagel, dürr und fahl,
ist der, der teure Autos stahl
und sie nach Übersee verschiffte.
Jetzt starb er unverhofft an Gifte.

Und Narben-Joe, der Kölner Bürger,
ist ein stadtbekannter Würger.
Fünf Frauen starben jämmerlich.
Heut' hängt er tot am Gürzenich.

Das Hinkebein, der alte Lude,
hat in Nippes seine Bude,
bringt Frischfleisch in das Freudenhaus.
Man machte ihm nun den Garaus.

Und Böller-Hans, der Sprengstoff-Held,
lebt exklusiv in Ehrenfeld.

Doch ein heftig großer Knall
brachte nun auch ihn zu Fall.

Der dicke Feuerteufel Nero,
sein Markenzeichen: ein Sombrero,
verbrannte völlig unverhofft
in seinem neu erworb'nen Loft.

Der Schrauben-Fred, im Dienst bei Ford,
begeht durch Sabotage Mord.
Doch auf dem Weg zu Bayerns Gemsen
versagten plötzlich seine Bremsen.

Der Unkenwirt reibt sich die Hände,
gereinigt ist jetzt sein Gelände.
Ausgepustet sind die Lichter,
fort sind alle Bösewichter.

Jetzt ist es mit der Kneipe aus,
drum schließt der Wirt auch schnell sein Haus.
Eröffnet dann an gleicher Stelle
Das Restaurant „Zur Rheinforelle".

Wer glaubt dem schönen Scheine, irrt:
Der Mörder nämlich war der Wirt.

Mit 66 Jahren

frei nach „Mit 66 Jahren" von Udo Jürgens (1934 – 2014)

Seit Jahren trinkt mein Alter
nur Wodka, Bier und Wein.
Dann grölt er und er prügelt
auf die Familie ein.
Oho, oho, oho.

Und außerdem, da spielt er,
verzockt dabei viel Geld.
Wir haben nichts zu essen,
doch er, er spielt den Held.
Oho, oho, oho.

Und schauen mich die Leute
dann voller Mitleid an,
dann sag ich: „Meine Lieben,
seht, was draus werden kann."

Mit 66 Jahren mach ich den Alten kalt.
Mit 66 Jahren, da bin ich noch nicht alt.
Mit 66 Jahren ziel ich mit einem Schuss.
Mit 66 mache ich mit ihm Schluss.

Wenn man mich dann verhaftet,
dann sag ich: „Guter Mann.
Das war die reine Notwehr.
Er griff mich wieder an."

Der Staatsanwalt schaut fragend,
der Fall macht ihm Verdruss.
Fragt: „Wieso ist das Notwehr
mit 22 Schuss?"

Wenn er mich so verhöret,
mach ich auf Oma blöd.
Ich stell mich taub und deppert
und schaue ziemlich öd.

Mit 66 Jahren mach ich den Alten kalt.
Mit 66 Jahren, da bin ich noch nicht alt.
Mit 66 Jahren ziel ich mit einem Schuss.
Mit 66 mache ich mit ihm Schluss.

Dann spricht man mir mein Urteil,
sagt: „Die kann nix dazu."
Man sperrt mich in die Anstalt
und ich hab' meine Ruh'.
Oho, oho, oho.

Da geh' ich in den Garten,
lieg ruhig im Sonnenschein
und keiner grölt und prügelt
auf meinen Körper ein.
Oho, oho, oho.

Ich lese viele Bücher
und schau mir Filme an,
hab immer was zu Essen
ganz ohne Ehemann.

Mit 66 Jahren mach ich den Alten kalt.
Mit 66 Jahren, da bin ich noch nicht alt.
Mit 66 Jahren ziel ich mit einem Schuss.
Mit 66 mache ich mit ihm Schluss. ...

Hänschen klein
frei nach „Hänschen klein" von Fritz Wiedemann (1821 – 1882)

Hänschen klein geht allein
in den dunklen Wald hinein.
Welch' ein Schock,
hat kein' Bock
mehr auf Mutters Rock.

Doch da schleicht ein böser Mann
sich an das klein Hänschen ran.
Mann, der spinnt,
würgt das Kind,
läuft hinweg geschwind.

Doch die Mutter sorgt sich sehr,
denn das Hänschen kommt nicht mehr.
Eins eins zwei,
Polizei
kommt ganz schnell herbei.

Und Kommissar Müllejans
findet schließlich bald den Hans.
Sapperlot!
Kind ist tot!
Völlig ohne Not.

Merket fein: Kinder klein,
lauft nicht in den Wald allein.
Böser Mann,
dann und wann
Kinder killen kann.

Der geklaute Wagen

frei nach „Der gekaufte Drachen" von Udo Jürgens (1934 – 2014)

Ein geschotterter Weg führte mich zu dem Werk.
Das Licht fiel auf riesige Hallen.
Auf Feinbetonboden stand ich in dem Tor,
vor Werkzeug und verbeulten Metallen.
Dann zeigte der Händler voll Stolz den Besitz.
„Was Sie seh'n, gehört mal meinem Sören.
Meine Werkstatt, die Wagen, nur für ihn tu' ich das;
dem einen soll mal alles gehören."

Während er mit mir sprach, ölverschmiert seine Hand,
sah niemand den Teenie, der in der Werkshalle stand.
Als er anfing zu reden, war es plötzlich ganz leis'.
Denn er sagte: „Vadder, echt spießig dein Fleiß!"

Ich will mit Dir teure Autos klau'n,
mit Dir teure Autos klau'n,
doch auf so was hast du keinen Bock.
Ich will mit Dir teure Autos klau'n,
mit Dir teure Autos klau'n,
denn die gekauften Wagen
verschiebt man nicht in den Ostblock.

Der geschotterte Weg führt noch heut' zu dem Werk.
Das Gehämmer ist dort nicht mehr zu hören.
Der Mann sitzt vor mir leicht gebückt und ergraut
und erzählt mir ganz leise von Sören.
„Der sitzt schon seit Jahren in Siegburg im Knast,
es ist alles ganz anders gelaufen.
Er hat mir geschrieben, dass er Spießertum hasst.
Ich glaub', ich werd' alles verkaufen."

Während er so erzählte mit wenig Hoffnung im Blick,
gehen meine Gedanken zu dem Teenie zurück.
Er sagte damals sehr wenig und bezahlte den Preis
für die Worte: „Vadder, echt spießig dein Fleiß!"

Ich will mit Dir teure Autos klau'n,
mit Dir teure Autos klau'n...

Papi hat dich lieb

Der Papi hat dich lieb, mein Kind,
wie schön, dass wir beisammen sind.
Ich fahre durch dein langes Haar,
das finde ich so wunderbar.
Und deine zarten, jungen Brüste
schmeckten so gut, als ich sie küsste.
Du sagst, du machst dir solche Sorgen
wegen der Klassenarbeit morgen.
Mein Kind, glaub mir, das brauchst du nicht,
weil dir dein Papi das verspricht.
Und warum weinst du jetzt, mein Püppchen?

Ach, rücke lieber noch ein Stückchen
und lass den lieben Papi fein
ganz in dein Himmelbett hinein.
Oh, deine Schenkel sind so fest!
Ah, meine Hand in deinem Nest!
Dem Papi wird auf einmal warm.
Kind, halt mich fest! Mit deinem Charme
sollst du den Papi nun erfreun.
Du wirst es sicher nicht bereun.
Der Papi wird dir dann was schenken,
und du wirst immer an ihn denken.
Du zitterst ja, du sollst nicht klagen
und nie und nichts der Mami sagen.
Die Mami stirbt, wenn sie das hört.
Ja, ganz bestimmt! Der Papi schwört. - -

Klappe zu! Ton aus!
Die Szene ist im Kasten!
Jetzt die nächste für den Film
„Wie sie den Kinderschänder fassten"!

Tod am Deich

In der Kate hinterm Deiche
liegt 'ne nackte Frauenleiche.
Man fragt sich: Was ist geschehn?
Hat denn niemand was gesehn?
Die Polizei bringt Licht ins Dunkel
und beendet das Gemunkel.

Oma Vieten, so der Name,
eine nette, alte Dame,
wollte ihren Körper duschen.
Sie ging barfuß – ohne Puschen –
in ihr Badezimmer rein,
nahm die Seife, die roch fein,
und begann, man kann's begreifen,
ihren Leib gut einzuseifen.
Doch die nasse Seife flutscht
im hohen Bogen auf den Boden,
doch ehe sie sie aufgehoben,
ist Oma Vieten ausgerutscht.
Ihr Kopf schlug auf den Wannenrand,
so war's, wie sie ihr Ende fand.

Das ist die Polizeiversion.
Doch Frau Vietens eigner Sohn
war im Haus, gab ihr 'nen Stoß,
nahm die Geldkassette bloß,
suchte darauf schnell das Weite,
denn sein Fischgeschäft war pleite.

IV. Natur pur

Frühling

Ich geh durch Wald und Wiesen,
ich geh durch frisches Grün.
Der Frühling lässt uns grüßen,
der Winter, der muss ziehn.

An Sträuchern und an Bäumen
da treiben Knospen aus.
Und wach aus Winterträumen
ein Blümlein schaut heraus.

Geschlafen hat es lange
wohl unter Eis und Schnee.
Nun ist es voller Drange
zu schießen in die Höh'.

Die helle, warme Sonne
weckt auch die Tiere auf.
Sie recken sich mit Wonne
hin zu der Strahlen Lauf.

Wenn bunte Vöglein kamen
von fern zurück nach Haus,
dann können wir es ahnen:
Der Winter, der ist aus.

Der Frühling ist erschienen,
der Winter, der ist fort.
Bald fliegen auch die Bienen
erneut von Ort zu Ort.

Und auch die Menschenseele
belebt sich nun aufs Neu.
Fort, frostiges Gequäle!
Oh Gott, wie ich mich freu!

Butterblumenwiese

Ich lieg' auf einer Butterblumenwiese,
seh' über mir das blaue Himmelszelt.
Oh, wie ich diesen Augenblick genieße,
fernab von dieser lauten, wirren Welt.

Die warme Sonne scheint auf mich hinunter
und weiße Wölkchen ziehen fern am Firmament.
Die vielen Gräser kitzeln mich mitunter,
und ein Marienkäfer krabbelt auf mein Hemd.

Es entspannt sich meine Seele so im Liegen
und die Gedanken ziehen mit den Wolken fort.
Sie ziehen fort von Ärger, Angst und Kriegen
zu einem fernen, unbekannten Ort.

Farbenspiel

Es regnet warm im Sonnenschein.
Muss so was denn im Sommer sein?
Dann sieh dir doch das Schauspiel an:
rot wie der Po vom Pavian,
orange wie eine Hollandfahne,
sonnengelb wie die Banane,
grün wie eine Stachelbeere,
hellblau wie ein Vergissmeinnicht,
tiefblau so wie die Weltenmeere,
und lila wie ein Veilchen.
Warte noch ein Weilchen,
dann siehst du ungelogen
den schönsten Regenbogen.
Man kann es wirklich nicht bestreiten:
Ein jedes Ding hat stets zwei Seiten,
wo Schatten ist, da ist auch Licht.

Das Fröschlein

Wenn ich doch nur ein Fröschlein wär in einem kleinen Tümpel
auf einer grünen, bunten Wiese - ganz ohne Müllgerümpel.
Ich hüpfte unbeschwert und froh von Blatt zu Blatt zu Blatte
und kuschelte im grünen Gras, als wär's ein Büschel Watte.

Da quakte ich von früh bis spät, mal lauter und mal leiser -
und wenn ich nicht mehr quaken könnt', dann darum, weil ich
heiser.
Und wenn 's mir wäre viel zu heiß, würd' ich ins Wasser springen,
wo ich mich übte ohne Fleiß im Brust- und Rückenschwimmen.

So ginge es tagaus tagein – ich hätte keine Sorgen.
Ich müsste kochen, bügeln nicht und dächte nicht an morgen.
Ich brauchte keine Armbanduhr, die Zeit, die wär' mir gleich,
denn es wär' gänzlich zeitenlos darin in meinem Teich.

Ich finge dann gelegentlich 'ne Fliege oder zwei
und sonnte mich danach entspannt bis abends sechs Uhr drei.
Dann macht' ich die Glubschäuglein zu, entspannte Leib und
                                                                                                                                          Sinnen
bis ich am Morgen fröhlich frisch würd' mein Konzert beginnen.

Doch aufgepasst: 's gibt ein Gerücht - und das ist weit verbreitet -,
dass abends oft ein grauer Reiher durch den Tümpel schreitet.
Wenn er mich pickt, dann ist 's gescheh'n, ich bin in seinem
                                                                                                                                           Magen
und muss der sorgenfreien Zeit in Ewigkeit - entsagen.

Herbstspaziergang

Die Bürgersteige sind voll Laub
von gelbem, rotem, braunem.
Ich wate durch den Blätterstaub
mit sichtlichem Erstaunen.

Wie war es eben noch so grün
in saftig satten Farben.
Jetzt geht das Leben plötzlich hin,
Natur fängt an zu darben.

Wenn ich spaziere durch den Ort,
dann muss ich baldigst spüren
den Wind; er treibt mich weiter fort
mit seinen Herbstallüren.

Und plötzlich war's, als hätte sich
die Herbstnatur verschworen.
Ein kalter Wind pfeift fürchterlich
hinein in meine Ohren.

Der Sturm, er rüttelt am Geäst,
reißt Eicheln und Maronen
ab von der Bäume dürrem Rest,
lässt regnen braune Bohnen.

Und „autsch", da fällt mir so ein Ding
auf meinen blanken Kopf.
Und gleich darauf macht es auch „pling":
Das war ein Wassertropf.

Zu diesem Tropf gesellen sich
schnell tausend neue. – Huch!
Und unvermittelt stehe ich
im stärksten Wolkenbruch.

Begossen gehe ich nun heim.
Ich lege mich gleich trocken.
Dann gieß ich mir 'nen Glühwein ein
und trage warme Socken.

Zerplatzte Träume

Am Marktplatz steht – schön wie ein Traum –
ein uralter Kastanienbaum.
Die bunten Stände steh'n daneben
und sind am Tag stets voller Leben.
Und wenn der Herbst nun naht mit Kraft,
verliert der Riese seinen Saft.
Die großen Blätter werden braun,
jetzt können wir die Früchte schau'n.
Ihr dicker Stachelpanzer schützt
sie, wenn es regnet, stürmt und blitzt.
Solch eine Frucht, was wünscht sie sich,
bevor sie fällt - unweigerlich?
Es wär ihr größtes Glück auf Erden
Kastanienmännchen einst zu werden -
als Hund, als Kuh, als Pferd, als Schwein
von einem Kind gebastelt sein.
Als sie so hängt und träumt dort oben,
plumpst sie ganz unsanft auf den Boden.
Ihr Stachelmantel platzt und knackt,
die braune Frucht liegt da, ganz nackt
und ungeschützt jetzt auf dem Pflaster.
Da fährt vorbei ein kleiner Laster,
der etwas auszuliefern hat -
und der fährt die Kastanie platt.

Tierwelten

Es maust die Maus.
Es laust die Laus.
Es reihert der Reiher.
Es geiert der Geier.
Es vögelt der Vogel.
Es zobelt der Zobel.
Es quallt die Qualle.
Es rallt die Ralle.
Es luchst der Luchs.
Es fuchst mich der Fuchs.
Es aalt sich der Aal.
Es wählt nie der Wal.
Es heulet die Eule
und hält sich die Beule.
Es täubelt die Taube
am Dache der Laube.
Es schlängelt die Schlange,
sie schlängelt schon lange.
Dann hat sie die Maus.
Aus!

Insomnia

Du guter Mond, du siehst mich an
so voll und klar,
so wunderbar,
ziehst mich in deinen Bann.

Du guter Mond, dein Angesicht
gleicht weißem Gold
und lächelt hold,
doch lässt mich ruhen nicht.

Du guter Mond, in dunkler Nacht
hast voll Magie
und Energie
mich um den Schlaf gebracht.

Vollmond

's war tiefe Nacht, als ich erwacht
und aus dem Fenster schaute.
Der Mond war rund und leuchtend hell
und Sterne zeigten ihre Pracht
am Himmel, dem vertrauten.

Der Mond stand über unserm Haus
mit einem bleichen Hof, ganz groß.
Ein graues Wölkchen zog vorbei.
Der Mondenschein traf eine Maus,
die huschte durch das Moos.

Es wäre himmlisch, wenn ich doch
jetzt wäre eine Katze.
Ich säße auf dem Gartenzaun
und starrte auf das Mauseloch
und schleckte meine Tatze.

Und wenn ein Kater zu mir schlich,
dann wär' die Nacht perfekt.
Wir beide säßen dicht an dicht
und wären auf die Maus erpicht.
Die Maus wär' bald verreckt.

Mit voll gefress'nem, dicken Bauch
säng' ich das Mondlicht an.
Der Kater säße neben mir.
Bis zu der Morgenröte Hauch,
sängen wir laut gen Himmel an.

Dann gingen wir nach Haus sehr froh
und legten uns zur Ruh. -
Am Fenster schreck ich wieder auf,
die Menschen gehen schon auf 's Klo.
Hab ich verpennt? 's ist Sonntag. Juchhuu!

Winter

Eis

Kälte klirrt.

Ein Fuchs, der irrt,

sucht Nahrung im Revier.

Der Igel hockt im Schlafquartier.

Der Schnee drückt Tannenzweige nieder.

Dann kommt das Christkind auch bald wieder.

Leis

V. Sprachliche Kapriolen

Abkfi[1]

Wenn du heute Zeitung liest
oder Nachrichten ansiehst,
musst du erst einmal studieren
und Abkürzungen memorieren.
Auch in der Konversation
gehören sie zum guten Ton.
Vor allem in der Politik
sind Abkürzungen immer chic.
Viele Menschen da und hie
haben einen Abkfi.

CDU und FDP, CSU und SPD
wollen keine AKW und reden übers EEG.
Im TV bei RTL
fahr' n beim GP die Autos schnell.
Bei WWM kannst du indes
schicken eine SMS.
Wenn Kinder schau' n DSDS
erfolgt alsbald ADHS.
Beim BR im Studio
ist GZSZ stets tabu.
Bei ZDF und ARD
siehst du Werbung von VW.
Bei SWR und RBB
wirbt man auch für BMW.
Bei ALS und auch TB
musst du nicht in den OP.
Leidest du jedoch an AIDS,

---

[1] Abkürzungsfimmel
Alle Erklärungen befinden sich im Anhang

hilft die Stiftung von Bill Gates.
Ist dein BMI zu hoch,
gilt fdH als Hilfe noch.
Was für Frankfurt ist die FAZ,
ist für Berlin die linke TAZ.
Was für Köln ist der FC,
ist für Dortmund BVB.

So sieht und hört auf jeden Fall
man Abkürzungen überall:
BENELUX und KDW,
Kita, ARTE, TGV,
BUGA, MOMA und die SOKO,
FLAG, DM und auch die Kripo,
CEPS und EZB,
IWF und BGB,
KG &Co, GmbH,
GPS, RWTH,
HNO und OLG,
DVD und LSD,
AI, VP und DHH,
ÜF, WC und auch BH,
NATO, OPEC und GG,
AfD, FCKW,
PR, HU und DTM,
BIT und ROM und BFM,
HU, HJ und noch viel mehr
machen uns das Leben schwer.
Am Ende, lieber Leser du,
sage ich „ade" 2U.
Und als PS füg' ich hinzu:
Dies Gedicht ist nur 4U.

LG und auch hdl
füge ich nun an noch schnell.
Wirst du schlau daraus? Ich nie!
Drum: Nieder mit dem Abkfi!

Vokuhilas

Als ich die Zeitung jüngst studierte,
man mir ein Rätsel offerierte:
Der Bericht, den ich da las,
der schrieb nur von Vokuhilas.
Für einen Film man sie bald braucht.
Ich fragte mich, ob man die raucht.

Was, in der Welt, sind Vokuhilas?
Sind's Hütten in den Slums Manilas?
Sind es selt'ne Vogelarten
oder Spinnen, die behaarten?
Sind es Soldaten mit Macheten
oder Feuerwerksraketen?
Sind's kleine Inseln der Seychellen,
Ausläufer der Dardanellen?
Sind's Menschen aus der Kalahari
oder Inderfrau'n im Sari?
Sind's Instrumentenraritäten,
kostbarste Antiquitäten?
Sind es Stoffe, edle, teure?
Ist es eine gift'ge Säure?
Sind es wendige Maschinen
oder neue Apfelsinen?

Sind's Piraten vor Somalia,
Flugzeuge der Alitalia?
Sind es Menschen mit Psychosen,
sind's kubanische Matrosen?

Doch so sehr ich mich auch mühte,
kein kleinstes Lichtlein bei mir glühte.
Das alles hat mich so verdrossen,
dass ich mich hab dazu entschlossen,
im Internet zu recherchieren,
das Rätsel dann zu dekodieren,
um mich nicht gänzlich zu blamieren

Nach kurzer Zeit es mir gelang;
die Lösung war kaum zu begreifen.
Man suchte *Menschen* für den Streifen:
Haar, **vo**rne **ku**rz und **hi**nten **la**ng.
Ich kann es hier nur wiederholen:
Der Abkfi schlägt Kapriolen!

Denglisch

Deutsch ist eine schöne Sprache,
Goethe, Schiller schrieben sie,
doch die neuen Ausdrucksweisen
zwingen sie in ihre Knie.

Statt das Deutsche zu bewahren,
hält das Englisch Einzug jetzt.
Kannst auch nirgends hin mehr fahren
ohne Übersetzungstext.

Auch die Medien allenthalben
pflegen Englisch allzu sehr.
Manchmal auch nur aus dem Grunde,
weil korrektes Deutsch fällt schwer.

Willst du in der City shoppen,
fast, drive-in, sonst ist 's too late,
Coffee to go und einen Burger
als anti-aging quick Diät.

Möchtest du dein Haar dir stylen,
eilst du zu dem Barber's Shop.
Danach in dem Wellness Center
machst du deinen Body top.

Du isst Brunch und abends Dinner,
Birthday Party in between.
Feierst auch nicht mehr Sankt Martin
sondern lieber Halloween.

Und wir machen keine Ferien,
doch all inclusive Holiday,
sehn im Fernsehn keine Serien
sondern Soaps und Pay TV.

Surfen tun wir am Computer,
lesen Ebooks, posten Mails.
Und dann kommt noch etwas Colour
auf der Lady Fingernails.

Wir hab'n Biker und auch Triker,
pacen nur noch mit high Speed,

tragen Cotton in dem T-Shirt
oder Blazer fein aus Tweed.

Piercen tun wir unsre Lippen
und der Body kriegt Tattoos.
Und dann geh'n wir Nordic walken
zu den Hippos in die Zoos.

Suchst du eine neue Arbeit,
sollst zum Job Center du geh'n.
Willst du Money überweisen,
musst Online-Banking du versteh'n.

Willst als Fan du Fußball schauen,
Public Viewing heißt das jetzt,
musst du dich in die City trauen,
Standing Ovation ist geschätzt.

Sänger haben eine Message,
und ein Song, der wird performed;
der kann top oder ein Flop sein
von der Jury streng genormt.

Fühlst du schlapp dich und ermattet,
hast du ein Burn-Out-Syndrom.
What a fuck! Und take a Kit-Kat!
Make a Break! Dann wird das schon!

Cindy, Kevin, Jill und Mandy
heißen Kids aus Germany,
naschen Lollipops und Candy.
Top Model wird man so nie!

Und wir kennen auch die Sprüche:
Never change a winning team.
Und wir backen in der Küche
Donuts, Muffins, Scones mit Cream.

Es ist really really schaurig,
was wir tun dem Deutschen an.
Ich find' es ganz furchtbar traurig.
Bei den Youngsters kommt es an.

„Lass uns chillen, liebe Omi",
sagt das Kind zur Granny nun,
„Danach dann nur noch relaxen,
um später etwas aus zu ruh'n."

Doch was tun die alten Leute,
die kein Englisch je gelernt,
versteh'n nicht mehr die Muttersprache
sind vom Lifestyle weit entfernt.

Doch: What shall's? Es geht stets weiter,
business von früh bis late.
Bald ist Christmas, immer heiter!
Santa kommt mit After Eight.

Weit ist es mit uns gekommen,
unser Deutsch ist uns entronnen,
reden Denglisch heute bloß,
sind bald völlig sprachenlos.
Dann, oh Gott, ich ahn' es schon,
folgt ein neues Babylon.

Ein No-Go

Was darf man sagen? Was darf man sprechen,
damit man begeht am Deutschen kein Verbrechen.
Alles plappert Englisch, meint es sei modern,
doch hören viele Menschen sehr viel Englisch gar nicht gern.
Computer darf man sagen. Doch reality show?
Das ist ein No-Go! Das ist ein No-Go!

Was sagt man im Fernsehen? Was schreibt man in der Presse?
Manchmal wär's viel besser, die hielten ihre Fresse.
Keiner kann's verstehen und das ist gemein,
denn das darf in Deutschland unter Deutschen gar nicht sein.
Hippie darf man sagen, doch nicht Coffee to go.
Das ist ein No-Go! Das ist ein No-Go!

Was spricht man in der Schule und der Universität?
Was sagt ein Student, wenn er kommt einmal zu spät?
Ich war noch etwas chillen und danach noch shoppen.
Und durch den fucking Summer Sale komm' ich nicht mehr zum
                                                                                   Poppen.
T-Shirt darf man sagen, doch nicht Bitch, oh no!
Das ist ein No-Go! Das ist ein No-Go!

Was erklärt der Trainer denn im Sportstudio?
Hört man diese Töne, wird man nicht mehr froh.
„We are in the death group", sprach unser Jogi-Bär.
Er hätt' auch sagen können: „Unsre Gruppe die ist schwer."
Doping darf man sagen, doch loser? Oh, oh, oh!
Das ist ein No-Go! Das ist ein No-Go!

Was sagt der Volksvertreter in der Politik?
Da finden viele Hardliner doch Englisch ganz ganz chic.
Wir brauchen Euro Bonds und sind noch triple A.
Doch gibt es keinen Cash Flow mit der Bank of USA.
Schau ich dann auf Griechenland, tut das Ranking weh.
Wer dort viel Kapital besitzt, denkt tax free sei okay.
Desaster darf man sagen, doch off-shore oh, no no!
Das ist ein No-Go! Das ist ein No-Go!

Animal hoarding heißt, dass man Tiere sammelt.
Und ein Tramp, das ist jemand, der ganz gerne einmal gammelt.
Ein Mid Season Sale ist ein Zwischenschlussverkauf
und eine Beauty Farm ist ein Schönheitsbauernhaus.
Eine Midlife Crisis ist eine Lebenskrise
Und beim Escort Service ist Begleitung die Devise.
Donald Duck find' ich gut,
doch bei fuck krieg' ich 'ne Wut.
Miss Piggy darf man sagen, doch nicht Family Zoo.
Das ist ein No-Go! Das ist ein No-Go!

Im Sport ist das Aufwärmen nur noch ein Warm-up
und was früher hier Verein hieß, nennt man nur noch Club.
Wenn ich mich ganz erschöpfe, dann ist das ein Work out.
Und Gangster nennt man einen Mann, der öfter mal was klaut.
Ein Manager ist einer, der ganz zügig etwas regelt.
Und Bowling heißt es heute, wenn man abends einmal kegelt.
Und ein No-Go ist schließlich ein Tabu oder Verbot,
und deshalb ist der Ausdruck jetzt am Ende endlich tot.

Ein Must Have

In unserer Gesellschaft regiert uns der Konsum.
Wir sollen vieles brauchen. Was soll'n wir kaufen nun?
Ein Handy und ein IPad, ein Notebook für den Chef:
Die sind ein Must Have. Die sind ein Must Have.

In unserer Gesellschaft ist Technik ein Gebot.
Und wer dabei nicht mithält, der ist sozial bald tot.
Denn Internet und AppStore, die X-Box für den Jeff:
Die sind ein Must Have. Die sind ein Must Have.

In unserer Gesellschaft geht alles medial.
Die Zeitung, die wird abbestellt, dafür gibt's ein Portal.
Ein E-Book statt des Taschenbuchs, ein Download für den Jazz:
Die sind ein Must Have. Die sind ein Must Have.

In unserer Gesellschaft geht alles rasend schnell.
Man rast durch das weltweite Web und flirtet virtuell.
Bei Facebook tausend Freunde und ein Online Spiel mit Beth:
Die sind ein Must Have. Die sind ein Must Have.

In unserer Gesellschaft wird Bildung ausverkauft.
Das Wissen geht zwar runter, doch die Noten gehen rauf.
Ein Abitur eins Komma für Jana, Kim und Seth:
Das ist ein Must Have. Das ist ein Must Have.

In unserer Gesellschaft sourct man das Deutsche out.
Man dröhnt uns zu mit Englisch, das Deutsche wird versaut.
Da muss man sich doch fragen, ob das ein Must Have ist
und ob man diesen Ausdruck nicht am besten schnell vergisst.

Das Selfie

Mark und Elfie sind fürwahr
lange schon ein Liebespaar,
bewohnen auch ein schönes Haus
gemeinsam mit dem Kater Klaus.

Mark muss nun in die Staaten reisen,
da kann er sich doch glücklich preisen.
Im Warteraum am Abflugplatz
vermisst er auch schon seinen Schatz.
Drum macht er schnell ein Selfie
und postet es an Elfie.

In New York ist nun der Mark:
Big Apple findet er ganz stark.
Da trifft er plötzlich Meryl Streep,
und diese schaut ihn an ganz lieb.
Drum macht er schnell ein Selfie
und schickt es seiner Elfie.

Danach in Washington DC:
Das Kapitol vergisst er nie.
Dann geht er hin zum Weißen Haus;
Obama winkt zum Fenster raus.
Da macht er schnell ein Selfie
und postet es an Elfie.

Sein Chef schickt ihn nach New Orleans,
da braucht er eine neue Jeans.
Denn ungeachtet der Finanzen
will er in einem Jazz Club tanzen.

Da macht er schnell ein Selfie
und schickt es seiner Elfie.

Am Ende dann in Florida,
als seine Arbeit fertig war,
da kann der Mark beim Wellenreiten
auch in sechs Metern Höhe gleiten.
Da macht er schnell ein Selfie
und postet es an Elfie.

Zwei Wochen, dann kommt Mark nach Haus,
begrüßt wird er von Kater Klaus.
Wo ist denn nur die Elfie?
Er schickt ihr schnell ein Selfie.

Drauf kriegt er eine SMS:
Bin entflohen diesem Stress.
Habe mich ganz neu verliebt.
Wusste nicht, dass es das gibt.
Lebe jetzt mit Lisa
beim Schiefen Turm von Pisa.
Wir trampen bald nach Delphi.
Dann schick ich dir ein Selfie.
LOL und LG von Elfie.

Der Konjunktiv

Es gibt einen Konjunktiv,
nutzt man ihn, klingt es oft schief.
- Ich werde dieses nun erläutern,
auch wenn manche Menschen meutern. –
Der Konjunktiv ist eine Bürde,
und dieser Konjunktiv heißt „würde".

Denn mancher Mensch fängt an sein Klagen
mit dem Spruch „ich würde sagen".
Doch man sagt, man würde nicht;
ein Konjunktiv, der passt hier nicht.

Denn nur im Bedingungssatz
hat „ich würde sagen" Platz.
Richtig wären Konjunktive,
wenn man Wunschgedanken riefe.
Hättest du …. , dann könnte ich … ,
flöge er … , … du liebtest mich ….
und so weiter und so fort
klingen Wünsche da und dort.

Auch im indirekten Satz
ist der Konjunktiv am Platz:
Karl sagt, er rufe seine Mutter,
denn seine Mutter brauche Futter.
Denn habe sie das Futter nicht,
könnt' sie nicht tuen ihre Pflicht.

Am Schluss ich jetzt nur noch bemerke:
Grammatik ist nicht Vieler Stärke.

Hätten die Pänz in meinen Stunden
den Konjunktiv nicht schwer gefunden,
wäre wohl für *die* Probanden
dies Gedicht niemals entstanden.

Märchenhaft

„Jorinde", sprach zu ihr Joringel,
„sei doch nicht ein solcher Pingel.
Lass uns mit Hans und Gretel spielen.
Sie werden sich sonst einsam fühlen.
Sie sind im Wald hier ganz allein,
ganz ohne Kuchen, Brot und Wein.
Die hat das Rotkäppchen genommen,
die soll die Großmutter bekommen.
Sie liegt im Bett mit Hexenschuss,
der Schmerz bereitet ihr Verdruss.
Sie braucht viel Wein und etwas Kuchen,
die Schmerzen zu betäuben suchen.
Die sollten „Tischlein deck dich" sagen,
dann haben alle was im Magen."
Jorinde sprach: „Der Hans im Glück
hat mir erzählt ein tolles Stück:
Schneeweißchen und auch Rosenrot,
die sind alle beide tot.
Die hat der Wolf so malträtiert,
und wie im Rausch dann massakriert.
Die sieben Geißlein sind entkommen,
dem sichern Tode so entronnen.
Der gute König Drosselbart
in seiner Geistesgegenwart,

der rief die Sterntaler herbei,
damit sie ihm das Golde leih.
Denn damit wollte er bezahlen
die vierzig Räuber, die stets prahlen,
sie könnten jeden Räuber schnappen;
den jagten sie auf ihren Rappen.
Aladins Lampe rieb er auch,
rief damit Hilfe, wie es Brauch.
Jetzt konnt' die Raubtierjagd beginnen,
und für den Wolf gab's kein Entrinnen.
Er hatte sich recht gut versteckt;
beim Kalif Storch ward er entdeckt.
Zuvor war er nochmals entgleist
hatte Schneewittchen schnell verspeist.
Jetzt legte ihn die Räuberbande
in schwere Ketten, welche Schande!
So wurde er zur Schau gestellt
den Menschen in der ganzen Welt.
Zwerg Nase kam ihn zu begaffen
und aus dem Lande der Schlaraffen
kam jeder Faulpelz angerannt.
Man war nun auf den Wolf gespannt.
Rapunzel ließ sich's auch nicht nehmen,
vier Tiere kamen gar aus Bremen,
und Rumpelstilzchen sprang herbei –
im Grunde warn 's der Stilzchen zwei –
den Wolf zu sehn in seinem Leid.
Und in seinem schönsten Kleid
ritt Aschenputtel mit dem Prinz
hin zum Wolf in die Provinz.
Die sieben Raben warn gerissen
und hab 'n ihm auf den Kopf geschissen.

Der Zinnsoldat hat ihn bewacht,
damit man ihn nicht alle macht.
Denn Brüderlein und Schwesterlein
sahen ganz schön finster drein.
Frau Holle schaute zu von droben
und sah die Menschenmenge toben.
Doch die Prinzessin mit dem Frosch
sich flugs durch diese Menge drosch.
Am Ende steht sie vis à vis
vor dem Menschenfresservieh.
Sie wirft den Frosch mit aller Macht
in Richtung Wolf, so dass es kracht.
Und es gibt eine Explosion.
Dann folgt die Reinkarnation.
Und da steht in seinen Ketten
der Glööckler und ist nicht zu retten.
Die vielen Weiber ganz laut kreischen
und wollen einen Blick erheischen.
Nur das Dornröschen liegt und pennt,
weil es den Glööckler gar nicht kennt.
Es schläft ja schon seit 100 Jahr'n,
da gab es noch nicht solche Narr'n."

Der Vokalzyklus

A

Der ungläubige Sioux Ogalala

Es ritt einst Präsident Obama
auf einem alten lahmen Lama
von Arkansas nach Alabama.
Dann traf er einen Ogalala,
der kriegte grade viel Kasalla
von einer Bande aus Nevada,
die Gangster trugen alle Prada -
ganz in rosa und in lila –
und waren trunken von Tequila.
Obama half dem Ogalala
und machte fünfmal Balla Balla
mit dem Revolver aus Atlanta,
dann gab er allen eine Fanta
und sprach: „Zurück jetzt nach Nevada,
denn dort nur trägt der Teufel Prada."
Dem Sioux, dem gab er ein Glas Cola
und dazu noch eine Stola
und sagte: „Hi old man, ich bin Obama
und komme grad aus Alabama,
bin Präsident der USA."
Die Rothaut sprach: „Ich brauch' 'nen Grappa,
denn es erzählte mir mein Papa
und auch mein lieber Opa -
der ist jetzt in Europa -
dass der Boss der USA
schon damals in Amerika
ein großer *weißer* Häuptling war. Naja –

und du bist dunkler als ein Roma
und nicht so hell wie La Paloma,
die Taube, *die* ist blanca.
Trink nicht mehr so viel Fernet-Branca!
Und du regierst Amerika?
Der Arzt nennt das Phantastica!"

E

Die schöne Galathee

's war einst die schöne Galathee –
nicht die von Herrn Franz von Suppé -
sah aus wie eine Märchenfee
und schaute wie ein scheues Reh,
kam aus dem fernen Ninive
und hatte ständig Magenweh.
Drum reiste sie zu Doktor Klee,
dem VIP Arzt auf der Elbchaussee.

Herr Doktor Klee befragt' die Fee,
besah sie dann von Kopf bis Zeh
und stammelte: „Herrjemine."
Doch dann zog er sein Resumé:
„Mein liebes Fräulein Galathee,
am Morgen trinkt Ihr gern Kaffee
und esst dazu Brot und Gelee
und mittags stets ein Schweinskarree
oder ein feines Rindsfilet.
Dazu trinkt Ihr vier Glas Rosé.
Zum Nachtisch gibt es Creme Brulée.

Dann liegt Ihr auf dem Kanapee
und trinkt gar reichlich viel Chantrée.
Das alles führt zu Magenweh!"'

Da weinte Fräulein Galathee:
„Mein Freund ist Koch und heißt René."
Doch streng sprach zu ihr Doktor Klee:
„Ihr müsst zur Kur schnell an die See.
Dort esst Ihr Weißbrot, trinkt viel Tee,
dazu Gymnastik mit Effet,
so wird kuriert das Magenweh."

Da zog die Maid ihr Portmonee,
bezahlte schnell Herrn Doktor Klee,
fuhr von der Elb' nach Hiddensee
zur Kur, damit 's ihr wohl ergeh.
Doch nach drei Wochen Brot und Tee
wurd' schlimmer noch ihr Magenweh.
Der Kurarzt sagte zu ihr: „Geh
schnell ins Spital zu Doktor Reh."

Und tags drauf kriegt die Galathee
ein Baby namens Dorothee.
Danach verschwand ihr ganzes Weh.
Sie hüpfte nun wie eh und je
am Strand herum in Hiddensee.
Doch ging die schöne Galathee
nie mehr zurück nach Ninive;
Sie flog vielmehr nach Santa Fé
zu handeln Kunst aus Makramé.
Dort leben sie und Dorothee
gut und gesund bei Brot und Tee.

I

Lilli und Willi

Im Winter ging auf 's Eis die Lilli,
dort traf sie auf den schicken Willi.
Sie summten eine Melodie
und es entspann sich Sympathie.
Aus Sympathie ward bald ein G'spusi
und eines Tags bei Wein und Musi
fragte Willi seine Lilli:
„Wenn du mi willst, heirat' i di."
„Oh gerne, ja", die Lilli schrie,
„und dann fahr'n wir nach Rimini
zu meiner Tante Melanie
in die Via Garibaldi.
Da spielt die Tante viel Vivaldi
und die Neunte Sinfonie
von Beethoven, dem Genie."
Nach der Hochzeit reisten sie
dann mit der Bahn nach Rimini.
Dort suchte sich der schicke Willi –
man nannte ihn auch Hillibilli -
eine Stelle bei Dallari -
das liegt nicht in der Kalahari -
fertigte dort brav Spaghetti -
alles war da stets paletti -
und auch gerne Makkaroni
bei seinem Chef, dem feschen Toni.
Im Jahre fünf in Rimini
hatte Lilli drei Bambini,
Kitti, Lisi und den Gianni.

Ihr Kindermädchen, das hieß Fanni.
Da befand der schicke Willi,
dass das Bambino, der klein Gianni
vielmehr glich dem Don Giovanni.
Drauf fragte er die liebe Lilli
nach des Sohnes Kinnpartie.
Da gestand ihm seine Lilli:
„Die Kitti ist vom Schwager Billi,
und die kleine, liebe Lisi
ist von Carlo aus Assisi,
doch der Gianni ist vom Toni,
der isst so gerne Cannelloni."
Da wurde bleich der schicke Willi
und sprach: „Ich gab dir einen Brilli
für jedes unserer Bambini.
Ich produzierte Fettuccini,
du schliefst inzwischen mit dem Toni -
doch schlimmer wäre Berlusconi."

O

Einkauf bei Zalando

Der Gangsterboss Tom aus Orlando
fährt zum Einkauf zu Zalando
mit seiner Braut, der Lollo,
die schwärmt so sehr für René Kollo.
Mit ihm fährt auch Beschützer Sandro
und der lebt gleichfalls in Orlando.
Die Lollo stammt aus Fontainebleau,
wo sie besitzt ein grand Chateau.

Und bei Zalando sagt Tom: „So,
such dir was aus. Ich mach dich froh."
Erst nimmt sie ein Bolero
für ihren Bruder Fero,
für ihren Vater Jacko
kauft sie ein flottes Sakko,
und Schuhe von Manolo
für sich auch Marco Polo.
Sie hat auch stets in petto
ein Schlückchen Amaretto.
Dann schickt sie schnell ein Foto
dem Staatschef von Lesotho.
Und als am Ende der Mafioso
zur Kasse kommt, da schreit er: „Oh, so
ein Dreck. Mein Geld ist weg. Hey, Sandro:
Ein Taschendieb ist bei Zalando."

U

Warum Uluru heilig ist

War einst ein taubes Känguru,
das hoppelte zum Uluru
und spielte sein Didgeridoo.
Da schlich ein dünnes, altes Gnu
vorbei, hielt sich die Ohren zu.
Und auch ein grüner Kakadu
fand sich gestört in seiner Ruh'.
Die braune Schlange kam hinzu
und zischte: „Ohne Takt spielst du."
Ein Rind machte verzweifelt „Muh".

Ein Geier, der aus Tuvalu,
raucht' zur Betäubung was Tschandu.
Das roch Big Eagle, der Uhu,
und flog schnell fort nach Katmandu.
Vom Lärm gestört lief ein Emu,
fiel panisch über einen Schuh,
der ward verloren von Lulu,
der schönen Maid aus Timbuktu.
Da kam der Geist von Manitu
und flüsterte dem Känguru:
„Der Manitu hält Mittagsruh',
kriegt bei dem Krach kein Auge zu.
Drum leg nur hin dein Didg'ridoo
und hör' auf mit dem Dudeldu."
Doch dieses taube Känguru,
das spielte ohne Rast und Ruh'.
Das zürnte darauf Manitu;
der blies mit seinem Mund im Nu
ganz heiße Luft gen Uluru.
Da wurde still das Känguru
und rot der Berg von Uluru.
Seither sagt man: „Leut', hört nur zu:
Geheiligt ist Berg Uluru."

Lehrers Traum(lied)

frei nach "Wanderers Nachtlied" (J. W. von Goethe 1749 – 1832)

In der ganzen Schule ist Ruh'.
Aus allen Klassen hörest du
von Gespräch keinen Hauch.
Die Schüler schlafen im Unterricht,
nur vorne leise der Lehrer spricht.
Warte nur balde, ruhet er auch.

Schulleiters Alptraum

frei nach "Wanderers Nachtlied" (J. W. von Goethe 1749 – 1832)

Aus dem Chemiesaal quillt Rauch.
Kevin tritt Max in den Unterbauch.
Kai kneift Kathrin in den Po.
Wasser läuft aus dem Jungenklo.
Lilli will aus dem Fenster springen,
aus dem Lehrerzimmer Schüsse klingen.
Der Wecker schellt: Gott, bin ich froh!

Reiselust

Es fuhr die Tante Jutta
sehr gerne nach Kalkutta.
Doch mein Onkel Valentin,
reiste gerne nach Berlin.
Allein die Tante Klara
will nur in die Sahara.
Und meine Freundin Olga
zog es meist an die Wolga.
Die liebe, gute Geli
flog öfter nach Neu Delhi.
Indes der kesse Konstantin
sauste schnell ins schöne Wien.
Mein Freund, der alte Jos,
flog jedes Jahr nach Kos.
Doch seine Frau, die Vera,
flog lieber nach Madeira.
Sein Freund mit Namen Heinz,
der wanderte nach Mainz.
Und dessen Partner Rolf
zog es nur an den Golf.
Und seine Liebste Ellen
tauchte tief auf den Seychellen.
Dagegen zieht's den Dalai Lama
immer hin in die Toskana.

Der Hinz nach Binz,
der Ron nach Bonn,
der Kalle nach Malle,
der Ali nach Bali,
der Karl nach Arles,

der Jim nach Nimes,
die Martha nach Sparta,
die Hulda nach Fulda,
die Elfie nach Delphi,
die Lisa nach Pisa
der Kurt nach Lourdes ….

Doch warum fuhren alle weg?
Was hatte das für einen Zweck?
Ganz klar nach kurzem Überlegen:
Sie taten es des Reimes wegen.

Limericks

Ein Blinder ritt auf einem Lama,
das hinkte, bis nach Alabama.
Der Blinde ward sehend.
Das Lama ward gehend.
Jetzt spielen sie Banjo. Welch' Drama!

Es gibt ein Auto in Polen,
das wurde noch niemals gestohlen.
Es hat nur drei Reifen,
kein Lenkrad zum Greifen.
Jetzt schickt man es den Anatolen.

Inhaltsverzeichnis

Vorwort 7

I. Typisch Mensch

Federleicht 11
Achterbahn 12
Die Linie 13
Der Vamp 15
Reinkarnartion 16
Nachtaktiv 16
Hugo 17
Kartenspiel 18
Kangaroos in Austria 20
Das Geheimnis 22
Ali von nebenan 23
Unterwegs 25
Beamtenstand 26
Berlin 30
Am Spreebogen 32
Moderne Kunst 33
Lichterfest auf Schloss Benrath 34
Glockenklang 35
Mütterlein 37
Dreizehn oder zehn 38
Mensch ärgere dich nicht 40
Kalle auf Malle 43
Et Fisternöllsche 44
Die Fischer 45
Du 46
Agathe 47

Gemütlichkeit	48
Fünfzig plus	49
Die zweite Geige	51
Schlankheitswahn	53
Schutzengel mein	55
Totentanz	56
Zeugnistag	59
Hommage an Udo	61
Der Unfall	62

II. Politik und Gesellschaft

Abgehört	65
Das große Sterben	66
Der Fisch	68
Der Pelikan	68
Morgenlektüre	69
Werbung	71
Telemania	74
Ohne Netz	77
Der König	78
National(es) Elf(chen)	79
WM-Gebet	79
Die fünfte Jahreszeit	80
Die Krise	81
Maikäfer flieg	83
Dubai	84
Zwei Engel	86
Der Kandidat	87
Eurokrise	88
Helikopter Eltern	90
Es gibt keine Briefschreiber mehr	92

Im Wald	94
Menschenkinder	95
Armes Deutschland	98
Staatsfeind Nr. 1	99
Der rote Bär	101

III. Kriminelles

Der Angriff	105
Das Opfer	106
Die Ballade von Doris Dünnwald	106
Ewige Liebe	109
Im Supermarkt	111
Kölner Unterwelt	112
Mit 66 Jahren	114
Hänschen klein	116
Der geklaute Wagen	117
Papi hat dich lieb	118
Tod am Deich	119

IV. Natur pur

Frühling	123
Butterblumenwiese	124
Farbenspiel	125
Fröschlein	125
Herbstspaziergang	126
Zerplatzte Träume	128
Tierwelten	129
Insomnia	130
Vollmond	130
Winter	132

V. Sprachliche Kapriolen

Abkfi	135
Vokuhilas	137
Denglisch	138
Ein No-Go	142
Ein Must Have	144
Das Selfie	145
Der Konjunktiv	147
Märchenhaft	148
Der Vokalzyklus	
Der ungläubige Sioux Ogalala	151
Die schöne Galathee	152
Lilli und Willi	153
Einkauf bei Zalando	155
Warum Uluru heilig ist	156
Lehrers Traum	158
Schulleiters Alptraum	158
Reiselust	159
Limericks	160
Worterklärungen	167
Anmerkungen	169
Danksagung	171

Worterklärungen

Abkfi: Abkürzungsfimmel, eine eigene Erfindung
Die Abkürzungen lauten in voller Länge: ADHS – Aufmerksamkeitsdefizit-Hyperaktivitätsstörung, AfD – Alternative für Deutschland, AI – All inclusive, AIDS – Acquired Immune Deficiency Syndrome , AKW – Atomkraftwerk, ALS – Amyotrophe Lateralsklerose, ARD – Arbeitsgemeinschaft der öffentlich-rechtlichen Rundfunkanstalten der Bundesrepublik Deutschland, ARTE - BENELUX – Belgien, Niederlande, Luxemburg, BIT – Binary Digit, BFM – Bundesfinanzministerium, BGB – Bürgerliches Gesetzbuch, BH – Büstenhalter, BMI – Body Mass Index (auch Bundesministerium des Innern) BMW – Bayerische Motorenwerke, BR – Bayerischer Rundfunk, BUGA – Bundesgartenschau, BVB – Ballspiel- Verein, CEPS – Centrum für Europäische Studien, CDU – Christlich Demokratische Union, DM – Deutsche Meisterschaften, CSU – Christlich Soziale Union, DTM – Deutsche Tourenwagen Masters -Co – Compagnie/Gesellschafter, DHH – Doppelhaushälfte, DVD – Digital Video Disk, DSDS – Deutschland sucht den Superstar, EEG – Erneuerbare Energien Gesetz, EZB – Europäische Zentralbank, FAZ – Frankfurter Allgemeine Zeitung, FC – Fußballclub, FCKW – Fluorchlorkohlenwasserstoffe, fdH – friss die Hälfte, FDP – Freie Demokratische Partei, FLAG – Flugabwehrgeschütze, GG – Grundgesetz, GmbH – Gesellschaft mit beschränkter Haftung, GP – Großer Preis, GPS – Global Positioning System, GZSZ – Gute Zeiten schlechte Zeiten, hdl – hab dich lieb, HJ – Hitlerjugend, HNO – Hals, Nasen, Ohren, HU – Hauptuntersuchung, IWF – Internationaler Währungsfonds, KDW – Kaufhaus des Westens, KG – Kommanditgesellschaft, Kita – Kindertagesstätte, Kripo – Kriminalpolizei, LG – Liebe Grüße, LSD – Lysergsäurediethylamid, MOMA – Museum of Modern Arts, NATO – North Atlantic Treaty Organization, OLG – Oberlandesgericht, OP – Operationssaal, OPEC – Organization of the Petroleum Exporting Countries, PR – Public Relations, PS – Post scriptum/Nachschrift - RBB – Rundfunk Berlin Brandenburg, RTL – Radio Television Luxemburg, RWTH – Rheinisch-Westfälische Technische Hochschule, ROM – Read Only Memory - SMS – Short Message Service/Kurzmitteilungen, SOKO – Sonderkommission - SPD – Sozialdemokratische Partei Deutschlands, SWF – Südwestrundfunk, TAZ – Tageszei-

tung , TB- Tuberkulose, TV – Television/Fernsehen, TGV – Train à grande vitesse, Schnellgeschwindigkeitszug, VP – Vollpension, ÜF – Übernachtung mit Frühstück, VW- Volkswagen, WWM – Wer wird Millionär, WC – Wasserklosett, ZDF – Zweites Deutsches Fernsehen, 2U = to you/dir, 4U = for you/für dich

amorph	strukturlos, formlos, gestaltlos
Buschenschänke	Wiener Heurigenlokal, Weinlokal
decouragieren	entmutigen
Fisternöll	rhein. Bezeichnung für eine außereheliche Beziehung
Ginkerl	österr. Bezeichnung für den Tod
hatschen	österr.: einen schleppenden, schleifenden Gang haben
Insomnia	Schlaflosigkeit
Krösken	s. Fisternöll
LG	liebe Grüße
LOL	laughing out loud, laut lachen
Molle	berlinerisch: Glas Bier
Pänz	rhein. Bezeichnung für Kinder
Phantastica	Drang zum krankhaften Lügen und Übertreiben
Puschen	norddt. für Hausschuhe
Reinkarnation	Wiedergeburt
Schabau	rhein. Bezeichnung für Schnaps
sekkieren	quälen, malträtieren, drangsalieren
Tschandu	zum Rauchen zubereitetes Opium
Uluru	Ayers Rock in der Sprache der Aborigines in Australien, Tafelberg in der Mitte Australiens

Anmerkungen

In dem Gedicht „Totentanz" sind einige Verse aus österreichischen Texten entlehnt worden:
„Der Tod, das muss ein Wiener sein" von Georg Kreisler,
„Es lebe der Zentralfriedhof" von Wolfgang Ambros,
„In unsern Gräbern leben wir" von Hans Weigel (Inschrift auf seinem Grabstein auf dem Wiener Zentralfriedhof).

Danksagung

Zum Schluss bleibt es mir, einigen Menschen Dank zu sagen, die mir bei der Entstehung dieses Buches behilflich waren.
Ganz herzlich bedanken möchte ich mich bei Agathe, die mich nicht nur bei der Textauswahl beraten, sondern mir auch manch nützlichen Hinweis für meine Gedichte gegeben hat.
Dank schulde ich ferner Ulf Dreßen, Heidi Hensges, Lena und Martin Corsten, die mir bei der technischen Umsetzung zur Seite gestanden und manche Stunde ihrer kostbaren Freizeit geopfert haben.
Zum guten Schluss danke ich meinem Mann Erwin, der in der Entstehungszeit dieses Buches immer ein guter Ratgeber war, der mir - wie Agathe - bei der Auswahl der Texte geholfen, stets die Ruhe bewahrt und mir Mut gemacht hat, wenn ich wieder einmal nicht weiter wusste. Danke!

Heike Dahlmanns, im Februar 2017